城市社区体育的构建与实证探索

欧阳羽　张艳红◎著

吉林出版集团股份有限公司
全国百佳图书出版单位

图书在版编目（CIP）数据

城市社区体育的构建与实证探索/欧阳羽，张艳红著.--长春：吉林出版集团股份有限公司，2022.11
ISBN 978-7-5534-9684-9

Ⅰ.①城… Ⅱ.①欧…②张… Ⅲ.①城市—体育活动—社区服务—研究—中国 Ⅳ.① G812.4

中国版本图书馆 CIP 数据核字（2022）第 220819 号

城市社区体育的构建与实证探索
CHENGSHI SHEQU TIYU DE GOUJIAN YU SHIZHENG TANSUO

著　　者	欧阳羽　张艳红
责任编辑	蔡大东
封面设计	李　伟
开　　本	710mm×1000mm　　1/16
字　　数	190 千
印　　张	11.75
版　　次	2023 年 5 月第 1 版
印　　次	2023 年 5 月第 1 次印刷
印　　刷	天津和萱印刷有限公司

出　　版	吉林出版集团股份有限公司
发　　行	吉林出版集团股份有限公司
地　　址	吉林省长春市福祉大路 5788 号
邮　　编	130000
电　　话	0431-81629968
邮　　箱	11915286@qq.com
书　　号	ISBN 978-7-5534-9684-9
定　　价	71.00 元

版权所有　翻印必究

作者简介

欧阳羽 男，讲师，1998年3月出生，江西省南昌市人，本科毕业于南开大学，研究生毕业于香港教育大学。现任南昌工学院体育与健康学院专职教师，高级职业指导师。研究方向：社区体育。主持江西省社会科学基金项目1项，发表SCI论文2篇。

张艳红 女，副教授，1986年2月出生，河南省开封市人，本科毕业于湖北民族大学，研究生毕业于湖北大学，陕西师范大学体育学院在读博士研究生。现任南昌工学院体育与健康学院专职教师，高级职业指导师。研究方向：学校体育课程与教学，体育教育训练学。主持江西省高校人文课题1项、江西体育局课题2项，发表SCI论文2篇，CSSCI论文1篇，北大核心论文3篇。

基金项目：湖北休闲体育发展研究中心2022年度开发基金项目《全民健身公共服务体系高质量构建研究》（2022A014）

前　言

随着社会经济的发展，人们对社区建设有了更高的要求，要求社区全方位发展。从客观角度来说，人们要求社区发挥更多的社会整合功能，进一步提升城市居民生活质量和幸福指数。在经济、社会和文化等方面，全面改善社区的状况，其中重要的一环是促进城市社区体育的发展。我国城市社区体育兴起于20世纪80年代，在此之后，社区体育作为社会体育的最佳组织形态，被人们广泛接受，人们对社区体育的认识逐渐加深，对社区体育的需求逐步增长。当单位难以满足人们的体育需求时，人们会在社区寻找满足体育需求的契机。社区体育组织形式比较灵活多变，活动内容丰富多样，练习方法简单便捷，社区体育的这些优点吸引着广大的社区成员。因此，研究城市社区体育具有重大意义。

本书共分为六章内容。第一章内容为城市公共体育理论基础，主要从三个方面进行了介绍，分别为城市公共体育概述、城市公共体育的构成与类型、城市公共体育的理论与政策。第二章内容为城市社区体育发展概述，主要从六个方面进行了介绍，分别为城市社区体育概论、城市社区体育发展的现状、城市社区体育发展的原则与必要性、城市社区体育发展的基本路径、城市社区体育资源的管理与开发、城市社区体育文化与学校体育文化。第三章内容为城市社区体育中心，主要从三个方面进行了介绍，分别为城市社区体育中心的基本概述、城市社区体育中心的功能与类型、城市社区体育中心的发展路径。第四章内容为城市社区公共体育服务，主要从四个方面进行了介绍，分别为城市公共体育服务的概述、城市社区公共体育服务的基本特征、城市社区公共体育服务的构成要素、城市社区公共体育服务建设与创新。第五章内容为"健康中国""全民健身"与城市社区体育，主要从两个方面进行了介绍，分别为"全民健身"视角下的社区居民体育参与、"健康中国"视角下的社区居民体育需求。第六章内容为智慧社区体育服务模式探究，主要从四个方面进行了介绍，分别为智慧社区体育概述、智慧社区体育服务概述、智慧社区体育建设现状、智慧社区体育建设协同治理。

  在撰写本书的过程中,作者得到了许多专家学者的帮助和指导,参考了大量的学术文献,在此表示真诚的感谢。本书内容系统全面,论述条理清晰、深入浅出,但由于作者水平有限,书中难免会有疏漏之处,希望广大同行及时指正。

欧阳羽 张艳红

2022 年 1 月

目 录

第一章 城市公共体育理论基础···1
   第一节 城市公共体育概述···1
   第二节 城市公共体育的构成与类型···5
   第三节 城市公共体育的理论与政策···7

第二章 城市社区体育发展概述···13
   第一节 城市社区体育概论···13
   第二节 城市社区体育发展的现状··47
   第三节 城市社区体育发展的原则与必要性································54
   第四节 城市社区体育发展的基本路径·····································63
   第五节 城市社区体育资源的管理与开发··································67
   第六节 城市社区体育文化与学校体育文化······························81

第三章 城市社区体育中心··87
   第一节 城市社区体育中心的基本概述·····································87
   第二节 城市社区体育中心的功能与类型··································99
   第三节 城市社区体育中心的发展路径···································100

第四章 城市社区公共体育服务··103
   第一节 城市公共体育服务的概述···103
   第二节 城市社区公共体育服务的基本特征·····························112

第三节　城市社区公共体育服务的构成要素 114
　　第四节　城市社区公共体育服务建设与创新 121

第五章　"健康中国""全民健身"与城市社区体育 129
　　第一节　"全民健身"视角下的社区居民体育参与 129
　　第二节　"健康中国"视角下的社区居民体育需求 137

第六章　智慧社区体育服务模式探究 143
　　第一节　智慧社区体育概述 143
　　第二节　智慧社区体育服务概述 159
　　第三节　智慧社区体育建设现状 164
　　第四节　智慧社区体育建设协同治理 167

参考文献 173

第一章 城市公共体育理论基础

本章的主要内容为城市公共体育理论基础,主要从三个方面进行了介绍,分别为城市公共体育概述、城市公共体育的构成与类型、城市公共体育的理论与政策。

第一节 城市公共体育概述

一、公共体育

"公共体育场馆""公共体育设施""公共文化体育设施""公共体育服务""体育公共服务体系"等概念在我国学术届被广泛使用。一直以来,公共体育都是我国体育系统的重要组成部分。"公共体育"主要指高等学校非体育专业开设的公共必修体育课,也就是公共体育课的简称,比如高师院校开设的公共体育课,这种用法忽略了公共体育的"公共"的外延。

二、公共体育设施

发展体育事业的物质基础就是体育设施,同时体育设施也是实现我国体育工作方针的重要保障。规划和建设公共体育设施有着重要的意义,有利于保障全民健身计划的实行,同时也有利于增强国民体质,有效改善人们的健康状况,进而提升中华民族的整体素质,进一步促进社会主义物质文明和社会主义精神文明建设。公共体育设施能够承载城市的综合功能,是现代城市建设的重要体现。通常情况下,公共体育设施往往会成为城市的标志性建筑,尤其是大型公共体育设施,不仅是现代城市的标志性建筑,更是现代城市建设的闪光点。

现阶段,公共体育设施在数量和质量方面,难以满足普通民众体育锻炼的需求。绝大部分的公共体育设施是对公众免费开放的，但是免费开放的公共体育设施，其自身常常处于无人管理、无人维护的状态，导致很多公共体育设施残缺不全，明显降低了公共体育设施的利用率。少部分公共体育设施是收费的，普通民众不愿意花钱去进行体育锻炼，使用这类公共体育设施的频率也不高。从这个层面来说，公共体育设施需要实现真正的"公共"属性，为普通民众提供健身的条件，使得人人都有健身的权利和机会，这就需要公共体育设施的支撑。

三、公共体育服务

公共体育服务指的是整合各种社会资源，充分利用社会力量，通过运用多种手段为社会提供体育服务产品，实现公共体育利益的活动。一般来说，通过公共体育服务能够体现公共体育管理的最终效果。对公共体育服务进行研究是非常有意义的，有助于充分发挥公共体育组织的作用，使得公共体育服务范围划分得更加科学合理，不仅如此，还能使公共体育服务的水平得到有效提升，有助于公共体育服务满足人民日益增长的公共体育需求。服务指的是为集体利益、他人利益或某种事业而工作。体育服务指的是体育组织或体育组织的服务人员为体育活动的参加者提供的体育产品和体育劳务等。通常情况下，参加者参与体育活动都有一定的目标，体育服务与参加者的既定目标是相符的。公共体育服务涉及公共体育组织和公共体育服务人员双方，公共体育服务为社会公众提供相应的服务，可以是体育产品也可以是体育劳务。一般来说，体育产品是"实物形态"的，体育劳务则是"非实物的形态"，这两项都属于"体育劳动成果"，共同构成了体育服务的全部内容，有助于满足社会公众健身的需要。

四、公共体育服务体系

现阶段，研究公共体育服务体系的学者有很多，不同学者有不同的研究侧重点。有的学者注重健全和完善社区体育设施，强调加强对公共体育的投入，进一步改革体育融投资体制，不断完善社区公共体育服务绩效评估体系等问题；有的学者侧重研究落后地区城市化进程中社区公共体育服务体系建设存在的问题，并针对这些问题提出了一系列的优化措施，比如建立社区体育志愿者队伍、开展多样化的宣传等；有的学者还对我国社区公共体育服务体系的概念进行了深入的研究，对社区公共体育服务的新任务、新走向和新规律进行了科学的预测，试图建立能够满足全体社区成员所需求的社区公共体育服务体系；有的学者进一步探讨了城乡接合部社区公共体育服务体系建设内涵的理论，深刻剖析了这一理论的时代意义，在社区体育资源整合、功能重组、政策支持、资金来源多渠道等方面进一步挖掘改进的策略；有的学者注重研究社区公共体育服务供给增长方式的社会化和市场化趋势，建立健全公共体育服务供给综合保障体系，其中包括了体育场地设施、资金、健身指导人员、政策法规等要素。

体育公共服务体系指的是集诸多体育产品、项目及管理要素的总和。更确切地来说，体育公共服务体系是政府和社会各类组织为满足民众体育需求而设置的各类产品和项目，其中物质要素包括设施与设备、组织与活动、制度与法规、价值与目标等，与非物质要素共同形成一个有机整体。体育公共服务体系的构建是一个逐步积累的过程，并且随着经济社会的发展及人们需要和认识的变化而不断完善。体育公共服务体系的整体配置和建设水平发挥着重要的作用，能在一定程度上制约一个地区人们从事体育活动的社会条件及体育事业的发展。从这个角度来说，体育公共服务体系的内容是比较丰富的，主要包括服务技术支持体系、服务保障体系、服务管理支持体系、服务环境支持体系。而社区体育公共服务技术支持体系主要包括社区体质监测服务、社区体育活动服务、社区体育指导服务、社区体育信息服务。社区体育公共服务保障体系分为体育服务经费监督保障体制和体育服务法制保障体制两部分，其中经费监督保障的重点是财政拨款，充分利用社会资助、增加服务经费收入等手段来拓展经费来源，为社区体育公共服务的有序开展提供一定的保障；体育服务法制保障主要是健全法规制度，在制度方面进行一定程度的创新，实现依法治体。社区体育公共服务管理支持体系主要包括体育组织活动运行机制、社区体育服务激励机制、体育服务评估监督反馈机制、社区体育服务市场机制。社区体育公共服务环境支持体系主要包括社区体育设施服务、社区体育参与动员。

五、城市公共体育存在的形式

（一）体育馆、体育场和体育中心等大型设施空间

体育馆一般来说，是指能够承载较大规模的竞技比赛，也具备系统化的体育训练设施人员的场馆。体育场为专业性的体育赛事、竞技比赛的举办提供了一定的便利条件，同时也为观众观看和欣赏比赛提供了场地，不仅如此，城市体育场还能够承办政府或者社会组织的体育赛事、庆祝活动等。城市体育场内设有体育跑道、田赛和径赛场地。体育中心具备各种各样的专业体育设施，拥有专门性的体育场地，配备了专业的管理人员。常见的体育中心通常设有游泳馆、高尔夫球场、保龄球馆等综合性的运动空间。体育中心在面积上有很大的优势，尤其是特大型的体育中心，面积能够达到200公顷以上。

（二）城市社区内公共体育空间及街道路边等

在社区内建立一定的活动空间是非常有意义的，社区内的活动空间与居民的日常生活非常贴近，为城市居民参加体育活动提供了便利条件。对城市居民来说，一般会选择比较简单的体育锻炼方式，选择最多的就是散步、快步走等。开展社区体育需要考虑居住人口年龄多样化的特点，根据具体的地域情况进行因地制宜的建设，建立相对完善的体育基础设施。在现代城市社区中，简单的居民健身苑等越来越常见，社区居民能够很便利地参加体育锻炼，而且，在社区内越来越多的体育组织的建立，对于推动社区体育发挥着非常重要的作用。

（三）广场、公园绿地等的活动场所

城市公共体育广场、公园一般来说就是指包含有体育活动内容的空间，在城市公共体育广场或公园内设有相对完善的体育基础设施。城市公共体育广场、公园具有典型的特点，即场地空间大、基础设施简单、休闲娱乐性质较强等。城市公共体育广场、公园种类非常丰富，但是大部分被商业性的氛围所覆盖，就拿广场来说，很多被改造成了商场的停车场或者商店。即使是政府出资修建的供城市居民休闲娱乐的广场和公园，也往往被商贩利用来谋取利益，比如公园里的儿童游乐场等。这种空间的人口流动性大、组织性不强、活动内容多样化，人们可以根据自身的兴趣、身体条件选择适合自己的项目类型。

(四)城市郊区体育活动空间

活动空间比较大、具有一定的休闲性,这是城市郊区最典型的特点。但是对于人们来说,并不能很好地利用这种体育空间,这是因为城市郊区与居民的生活比较疏远,居民进行体育锻炼的时间是非常有限的,往往集中在周末或节假日,这就造成城市郊区体育活动空间工作日内比较冷清,周末比较拥挤的状况。这就要求政府或社会团体充分利用郊区空间的特点,合理规划使用这片场地,比如可以在这里举办自行车赛、越野跑等赛事,激发人们参与体育运动的兴趣,在某种意义上能够增强城市的凝聚力和影响力。

第二节 城市公共体育的构成与类型

一、城市公共体育的构成

城市公共体育主要由三个要素构成,分别是体育活动设施、城市居民和活动的方式内容。其中,体育活动设施是空间活动的物质载体,体育教学效果的评价深受体育场所设施的影响。城市居民主要指的是长期居住的和流入的人口,城市居民是公共体育活动的行为主体。人融合了自然人和社会人的双重特征。体育行为可以具体划分为个人性的体育行为和群体性的体育行为。体育行为与人的情感心理存在着密切的联系,也能在一定程度上推动道德情操和人生价值观的完善。在当前环境中,人们的需求不断提升,生活层次不断提高,一方面意味着人的意识层次的提高;另一方面也体现了社会文明的发展与进步。人们根据自己的实际需要进行体育锻炼,选择自己感兴趣并且有助于自身发展的体育项目。但要注意的是,人处于成长进步的过程中,人们对体育锻炼的需求会发生变化。在如今的时代背景下,人们参与体育活动更加追求轻松化和休闲化,这就为不同类型体育项目和体育参与方式的兴起提供了契机。活动的方式内容对居民的体育行为质量能够产生显著的影响,促进城市公共体育发展。

二、城市公共体育的类型

城市公共体育主要从时间和空间的维度去探讨其不同的划分方式。

（一）按照空间划分

从空间的角度分析，根据其服务半径划分，城市公共体育可分为社区级、城区级、城市级三种。社区级顾名思义就是在小区内设置公共体育场所，在小区内布局一定规模和数量的体育服务设施，比如可以建社区篮球场和社区广场等。城区级的体育指的是建设在城市区级的体育设施，在城市区级建设较完善的体育设施系统，比如可以建区体育场、体育馆等。城区级的体育可以承办一定规模的体育赛事和节庆活动。城市级的体育空间服务将整个城市的居民作为服务的对象，具备完整的体育设施。城市级的体育空间服务可以分为大型和中小型的体育设施，能够举办国家级、省级的体育赛事。

（二）按照时间划分

按照时间属性划分，主要根据居民的闲暇时间来划分城市公共体育的类型。居民有了闲暇时间就可以去参加体育活动，体育生活圈理论对居民的体育时间进行了划分，将体育时间详细分为日常、周末、节假日休闲体育空间。在日常工作日时间内，人们进行体育锻炼的方式比较单一，同时也会选择比较近的体育场所进行体育锻炼。在周末和时间较短的节假日时间内，人们会去城市郊区等较远距离的地方进行体育锻炼。在时间较长的节假日时间内，人们往往选择去更远的地方进行体育锻炼。

第三节　城市公共体育的理论与政策

一、城市公共体育的基础理论

（一）城市规划理论

1. 田园城市规划理论

田园城市理论指的是在大城市周边建设众多的田园城市，以此来缓解大城市拥堵和环境卫生矛盾。大城市周边的田园城市拥有理想社会的社会形态和城市形态。这里所说的理想社会的社会形态指的是土地公有、公民自治和自给自足，理想社会的城市形态指的是就业与生活设施平衡、限制规模和低密度。田园城市理论要求控制人口数量规模，控制居住空间的密度，在一定程度上限制城市的扩张。另外，田园城市理论还主张合理规划和建设娱乐场所空间、公共服务设施、公园，留出充足的绿地面积，营造城市优美环境。

2. 功能主义规划理论

功能主义规划理论主张全面改造城市地区，缓解城市交通压力，留出充足的城市绿地，同时为城市提供充足的空间和阳光，由此创造新的城市发展概念。新的城市发展概念有新的空间规划的原则，即城市必须是集中的，只有集中的城市才有生命力。

按照城市活动可以划分城市土地使用类型，在空间功能上，城市划分为居住、工作、游憩和交通四大基本类型。这对城市规划有着重要的意义，有利于保证城市各功能分区的平衡，促进城市的进一步发展。对城市用地的功能进行分区，并按照分区进行组织建设，在一定程度上有利于保证城市用地空间布局的合理、有序。

3. 有机疏散理论

有机疏散理论强调将大城市形态分解成为若干个集中的单元，当然分解的原则必须是在合理的区域范围内，然后将这些单元组成在活动上相互关联的有功能的集中点，再通过保护性的绿化带隔离开这些集中点。在解决大城市出现的问题方面，卫星城的模式发挥了一定的作用。但是我们需要清楚的是，另建新城并不是解决问题的唯一途径，对城市进行有机疏散和布局重构才是解决问题的有效途径。通过这些途径可以有效疏散原来的密集城市。有机疏散理论主张重新分化功能组织，转变高度集中的单中心模式，使其变成一个个相对独立、功能相对完整的组团结构，所以说，有机疏散理论介于城市分散主义和集中主义的过渡地带。

（二）公共物品理论

公共物品的概念与私人物品的概念是相对的。公共物品根据是否完全具有非竞争性和非排他性又可以进行细分，分为准公共物品和纯公共物品。在实际生活中，纯公共物品的供给是非常少的，更多的是介于纯公共物品与纯私人物品之间的准公共物品，因此准公共物品也被叫作混合物品，准公共物品同时具有非排他性和非竞争性。市场因素和政府因素都能影响准公共物品的供给。混合物品又可以细分为三类，分别是公共池塘资源、排他性公共物品、拥挤性公共物品。

1. 公共池塘资源

公共池塘资源无排他性或是具有弱排他性，同时也具有一定的竞争性。比如自然资源类的山、水和森林等，谁都可以用，但是容易产生负外部性，也就是说，会出现"拥挤效应"和"过度使用"的情况，需要采取一定的措施来加以限制，比如适当收费等。

2. 排他性公共物品

排他性公共物品在消费上不具有竞争性，但具有排他性或是弱排他性，比如水、电、煤气、有线电视等城市公用设施。如果单纯由政府免费供给排他性公共物品，会出现拥挤的问题，造成成本的增加。如果单纯由市场供给，会出现效率低下的情况。排他性公共物品具有典型的自然垄断性，同时这类物品也存在"拥挤点"，为了最优配置资源，一般来说，政府部门供给排他性公共物品，同时收取一定的费用。

3. 拥挤性公共物品

拥挤性公共物品拥有非排他性，同时这类物品在达到"拥挤点"后，还会产生竞争性。通常情况下，在达到"拥挤点"之前，每增加一个消费者，消费的边际成本为零。但是达到"拥挤点"之后，每增加一个消费者，消费的边际成本将大于零。比如，拥挤的街道、公路、桥梁、社区游泳馆（池）、高尔夫球场、大众俱乐部、公共图书馆、博物馆等。如果进一步扩展拥挤性公共物品的概念，那么教育、文化、体育、医疗等社会服务事业领域都属于该领域范畴。如果单纯靠私人或者商业机构提供拥挤性公共物品，会出现物品供给量过低的情况，造成社会福利的损失。拥挤性公共物品在消费上具有明显的共享性，实现排他性的成本较低，所以也被称为"俱乐部物品"（局部公共物品）。

正是因为公共物品的供给存在着各种各样的情况，比如"市场失灵""自愿失灵"等，所以不能单纯地由某一方来供给。首先需要充分分析物品的基本属性，明确政府在各类公共物品供给中的职能范围及角色，针对供给双方或多方的力量加以平衡，促进供给方式的多样化，加强对公共物品供给的研究。

（三）系统论

系统论对结构进行了定义，系统论中结构指的是系统中各组成要素间的关联方式、组织秩序及其时空关系的总和。其中，关联方式的意思是指系统将各要素整合成整体的模式。系统的这种联系方式稳定性是比较好的。系统的结构取决于系统各要素及其关系和表现形式。同时，系统的结构决定着系统内在的规定性。在系统内部，各要素的分布是不均匀的，地位也是不平等的。系统的规定性分为量的规定性和质的规定性，其中量的规定性指的是系统要素的时空分布形式，质的规定性指的是系统要素之间的相互联系、相互作用关系。系统结构的稳定性是相对的，而变化发展是绝对的。系统的基本属性包括非均衡性和开放性，这一属性推动着系统的发展演化。

与系统的结构相对应的范畴是系统的功能，系统的功能指的是描述系统与外部环境相互作用的关系。在系统中，系统的功能指的是系统行为对系统的生存环境的作用。系统结构的外在表现形式就是系统的功能。另外，系统的开放属性对系统来说具有重要的意义，一方面系统的开放性决定了凡是系统都具有一定的功能；另一方面，系统的开放性决定了表现在外的系统功能必须是与外部环境相联系的。系统的结构受系统的内部联系影响，系统的功能受系统外部联系影响。之前我们谈到了系统具有相对稳定性，而系统的功能具有灵活异变性。系统的外部环境不断变化，使得系统的功能也在不断变化。通常情况下，系统具有多种多样的功能，同时处于不同条件下，系统的功能也存在明显的差异。为了更好地认识系统的功能，人们不断地研究系统，以便更好地利用和改造系统的功能。系统之所以具有价值和意义，正是因为系统拥有人们期望的功能。

对于所有系统来说，都必须具备内部结构和外部功能。系统的结构和功能存在紧密的关系，可以说，系统的结构和功能是一个问题的两个方面。一般来说，系统的基本原理指的是结构决定功能理论，但是我们需要明确的是，系统的功能并非只由结构单独决定。在一些情况下，系统的功能由结构和环境二者共同决定。具体分析系统的结构决定系统的功能，指的是系统的结构是功能的基础，功能有赖于系统的结构。一定的结构具有一定的功能，系统的结构和功能存在紧密的联系。对于系统来说，结构越合理，功能越优良。而不合理的结构则会影响系统的功能。系统的结构与系统的功能存在对立统一的关系。系统的发展与前进过程，正是系统的结构与功能不断产生矛盾，又不断得到解决的过程。系统的结构与功能是在一定的条件下发生作用的。要想充分发挥系统的功能，必须具备适当的环境。为了更好地发挥系统的功能，就需要选择、改善、营造良好的系统外界环境。环境对于系统的功能来说有着重要的作用，环境的不断变化导致功能不断发生变化，与此同时功能的变化也能反作用于系统结构，在一定程度上能够改变系统的结构。这对功能的发挥起到了积极的作用。

城市从某种意义上来说也是一个结构复杂的巨大系统。城市的各要素在规划、组织和管理的基础上形成了特定的子系统，不同的子系统具备不同的功能。城市的一项重要基本功能就是体育。可以将城市体育子系统看作是城市巨大系统下的一个子系统，而城市公共体育空间承载着城市体育子系统的主要功能。

合理的城市空间结构有助于城市空间功能的发挥。从这个意义上讲，合理的城市体育空间结构则有助于城市体育功能的发挥。城市空间与城市公共体育空间的关系就相当于母系统与子系统的关系。对于城市公共体育空间来说，既要从母体中吸收营养又要为城市整体发展和整体功能的发挥贡献力量。所以说，合理配置城市公共体育空间系统内部资源是非常重要的，与此同时，还要关注城市公共体育空间系统与外部环境及其他子系统的互动与适从关系。

二、城市公共体育政策

（一）公共体育政策的概念

公共体育政策是公共政策的一个下位概念。简单来说，公共政策就是为"公共"而制定的"政策",正如行政学开山始祖伍德罗·威尔逊所说,公共政策是由政治家(具有立法权者)制定的并由行政人员(公务员)执行的法律和法规[①]。这一定义对理解公共政策有一定的积极意义,但这一定义也存在明显的不足,它主要是从政策制定和政策执行的角度来界定了公共政策,没有看到制定政策的人不只限于政治家,同时执行政策的人也不仅限于国家公务人员,还应包括一些司法人员和有关群众。在国外,部分学者认为公共政策就是"政府做什么,为什么这样做,会产生什么样的效果"。一些学者认为公共政策就是一个包含了目标价值观和实践的、经过设计的计划;由一位或者多位参与者,为应对一个难题或者关注的问题,采取的一个有目的的行动过程。还有学者认为,公共政策是由那些掌握或影响官方政府职能的人们所作出的基本决策、承担的义务与行为的结合,人们与政府之间相互信赖,双方进行交流的方式是动态的。公共政策面向的是大多数人,旨在为大多数人谋取福利。通过以上分析,我们看到公共政策具有一定的公共性,而公共性最主要的表现就是公共利益的存在。所以说,公共利益是公共政策的前提和基础。

(二)国外公共体育政策

在发达国家,制定和研究公共体育政策的历史是比较长的,公共体育政策经历了从合理娱乐到体育运动为全民所有的过程。作为现代体育的发源地,英国的公共体育政策完整经历了上述发展历程。在不同的时期,体育发展目标侧重点具有明显的差异。但总地来说,体育发展始终坚持追求公平,使绝大多数公民能在无歧视的情况下参与体育及娱乐活动。最先引进英国公共体育政策的国家是德国。1882年,德国颁布了《果斯列尔游戏训令》,以此鼓励民众积极参加户外活动。1913年,德国颁布了"德国体育奖章"。1920年,德国提出了"黄金计划",倡导大众参与体育锻炼,进一步提升大众身体素质。在日本,施行公共体育政策的突破口是学校体育教育。1964年,日本东京奥运会后,大众体育获得了快速发展的契机。1989年,日本出台了《关于面向21世纪体育振兴计划》。1997年,日本文部省提出了《关于保持增进一生身心健康的今后健康教育和体育振兴方案》。2000年,日本文部省又发布了《体育振兴基本计划》,进一步确立了"终身体育"和"精英体育"的理念。在美国,公民享有的权利不是政府通过法律"赐予"的,

---

[①] 伍启元. 公共政策[M]. 台北:台湾商务印书馆,1985.

而是要保障这些权利才需要制定宪法，美国政府主要的体育管理职责就是为大众提供较为充足的硬件设施。通过以上分析，我们可知对于大多数发达国家来说，大众体育在政府公共服务中的重要性要高于竞技体育。

第二章　城市社区体育发展概述

本章内容为城市社区体育发展概述，主要从六个方面进行了介绍，分别为城市社区体育概论、城市社区体育发展的现状、城市社区体育发展的原则与必要性、城市社区体育发展的基本路径、城市社区体育资源的管理与开发、城市社区体育文化与学校体育文化。

第一节　城市社区体育概论

一、社区

（一）社区的定义

有学者对社区的定义进行了界定，认为社区是由那些具有共同价值取向的同质人口组成的，关系亲密、出入相友、守望相助、疾病相扶、富有人情味的社会关系和社会团体。还有学者强调社区是个人基于其他人的义务或共同目标而凝聚在一起的团体。地理区域范畴内的社区指的是街道、小镇、地区或某个特定的空间环境。从关系角度而言，社区是人们之间互动所形成的群体。

现阶段，社会学家对社区的定义多种多样，尚未形成统一的认识，但普遍认为社区由五个方面的要素构成，分别是特定的人群、特定的地理区域范围、基本的生活设施、认同的文化和特定的管理组织。综上所述，社区的定义有广义和狭义之分。广义的社区指的是居住在一定地域范围内的人们所组成的生活共同体。狭义的社区指的是一定区域内按一定社会制度和关系组织起来的具有共同人口特征的生活共同体，比如一个村庄、一个城市、一个街道和一个小区等。

(二)社区的构成要素

1. 一定数量的人口

社会是在人的基础上建立起来的。社区是人们生活的共同体，所以社区存在的首要前提是具有一定数量的人口。从这个层面上讲，社区的规模取决于人口的规模。人是构成社区的重要因素。社区内的人不是孤立的，相互间存在着各种各样的社会关系，并且在社会关系中进行劳动等社会活动。可以说，社区的主体就是人。社区生活的创造者是社区居民，社区物质要素的使用者也是社区居民，社区社会关系的承担者还是社区居民。社区内人口的规定性体现在两个方面，一方面是量的规定性；另一方面是质的规定性。所谓量的规定性指的是人口的规模。所以说，人口不足是难以形成一个完整的社区的。质的规定性指的是人口的素质，人口素质主要包括身体素质、文化素质和思想素质等。除此之外，社区内的人口还具有一定的结构特征，比如民族构成、宗教信仰构成、文化构成、职业构成、阶层构成等。

2. 一定的地域

社区的另一个重要因素就是一定的地域，这是因为社区是人类社会地域生活共同体，这一社会实体具有明显的地域性。一定的地域内涵是非常丰富的，一是为人们提供活动的场所，社区地域面积的大小会影响社区成员的日常生活，比如社区地域面积能够直接制约居住空间；二是为社区居民提供一定的生产和生活的资源，比如社区经济生活的基本物质条件就受社区地域内自然资源富集程度的影响；三是会对社区人们活动的性质和特点以及社区的形成和发展造成一定的影响，社区的发展深受社区地理位置和地理环境、地质条件、气候条件等因素的影响。

3. 社区的特色文化

文化的概念也有广义和狭义之分，文化的广义理解是指人类所创造的物质财富和精神财富的总和。文化的狭义理解是指人类创造的精神财富。不同的社区在形成过程、历史传统、地理条件、发展水平等方面存在明显的差别，因此，不同社区形成的文化也明显不同，有属于其自身的独特性。所谓的"十里不同俗"讲的就是这个道理，不同社区，即使距离很近，也具备自己的文化特色。社区居民在长期的共同生活中积淀形成了社区的特色文化，社区特色文化标志着社区是相对完整和相对独立的社会实体。

4. 社区意识

社区居民具备社区意识，也就是社区居民对自己所属社区有认同、喜爱和依恋的心理归属感。判断一个社区是否成熟的重要标准就是看其有无社区意识。假如一个地方的居民不具备社区意识，那么该社区的居民就很难形成凝聚力，也就无法形成一个社会共同体。

5. 社区组织

社区是具备多重功能的地域性社会生活共同体，是有组织、有秩序的社会实体。社区组织是社区处理公共事务的重要因素。按照不同的标准，社区组织可以划分为不同的类型。比较有影响的有下列几种。

（1）根据社区组织结构划分

根据社区组织结构分为正式组织和非正式组织。凡有正式结构的组织谓之正式组织，其组织成员之间的关系由一个特定的或正式阐明的规则加以规定和限制，它不仅有明确的组织目标，而且有多层次的领导及其明确的责任与权限。如社区内的政府机关、军队、经过工商部门注册的工商企业和公司等，绝大多数组织都是正式组织。没有正式结构的组织叫非正式组织，其成员之间的关系没有明确的规定和阐明，仅靠感情和约定的规范来维系，成员间的互动比较自由，如社区里自发组织的武术协会、钓鱼协会、娱乐团体等。事实上，在一个社区组织内部，常常是正式组织与非正式组织并存，只是两者所占的比例不同而已。

（2）根据社区组织目标与受益者的关系划分

社区组织按照目标和受益者的关系不同，可以划分为四类，分别是福利组织、工商组织、服务组织、公益组织。

福利组织主要指能够使组织成员受惠的组织，比如社区内的工会、俱乐部、宗教组织、专业学术团体等都属于福利组织。

工商组织主要指那些使业主与经理受益的组织，换句话说就是工商组织的所有人是受惠者，比如社区内的工商企业、商店、银行、保险公司等都属于工商组织。

服务组织主要指以服务为主的组织，也就是与该组织直接接触的人是受惠者，比如社区内医院、学校、社会工作机构等都属于服务组织。

公益组织主要指使公众总体受惠的组织，既包括与该组织直接接触者，也包括没有接触的人，比如社区内的税务机构、军队、警察、消防队、研究机构等都属于公益组织。

（3）根据社区组织对成员的控制方式划分

根据社区组织对成员的控制方式把社区组织分为强制组织、实用组织和规范组织。此种分类是美国社会学家爱桑尼提出来的。

强制组织，即用强制的方式控制使其成员服从的组织，如社区内的监狱、精神病院等。

实用组织，即以报酬作为控制手段使成员服从的组织，如社区内的工业组织和商业组织。

规范组织，即研究行为规范、利用组织章程来维系组织，成员服从组织主要靠规范的内化，即自动遵守规范，如社区内的政党、协会等组织。

（4）根据社区组织人数的多少划分

按照社区组织人数，可以把社区组织分为小、中、大、巨型组织。通常情况下，小型组织由3人到30人组成。中型组织由30人到1000人组成。大型组织人数众多，成员之间可能彼此不认识，但是全员能够识别其领袖，领袖却不能一一识别全体成员。大型组织由1000人到5万人组成。巨型组织在人数方面没有限制，在巨型组织中，大众可以通过大众传媒工具识别组织中的重要人物。

（5）根据社区组织的性质以及活动内容划分

按照社区组织的性质以及活动内容，部分学者将社区组织分为经济、政治、文化组织。经济组织的职能主要是为人们提供衣、食、住、行等物质生活资料，不仅如此，经济组织还担负着社区的经济职能，主要涵盖了生产、分配、交换、消费等领域。政治组织的主要职能是处理阶级关系和政权关系、统治和管理社区，比较典型的政治组织包括政府、军队、法庭、监狱等。文化组织的主要目标是满足人们的各种文化需求，文化组织的基本内容包括文化、教育、科研活动等。比较典型的文化组织包括科研单位、图书馆、剧院、学术团体、文体团体等。除了上述社区组织外，我国还有其他的组织形式，比如群众组织、宗教组织等。

上述分类并不是绝对的，实际情况中的社区组织类型往往是交叉的。例如，经济组织中也有政治，即权力的分配和行使问题；政治组织中也有物质资料和酬劳的分配问题；在经济、政治组织中同时也都有文化活动。由此可见，社区组织类型的划分有其相对性。

6. 社区生活设施

一定的物质手段是人们生产生活的必要基础。对于社区来说，商业服务业系统、文化教育卫生系统、社会福利设施等都是其必备的物质手段。社区居民的生活深受这些生活服务设施的影响，此外，生活服务设施的完备性还会影响社区的稳定和发展。从某种程度上来说，衡量社区发展水平的重要尺度就是生活服务设施的数量和质量。

（三）社区的基本分类

我们知道，社区是一定数量居民组成的、具有内在互动关系和文化维系力的地域性的生活共同体。社区包含多种要素，比如人口、地域、各种设施、管理机构、文化现象、社区意识等。社区是社会生活共同体，具有典型的地域性。不同的社区具有不同的要素、内容及结构方式，这就使得社区的类型具有明显的差异。从这个层面上来讲，社区类型越来越多样是发展的必然结果。我们对社区进行分类就是要揭示社区的类型，探讨不同类型社区的特征和它们之间的相似性和差异性，便于我们对社区进行深层次的研究。根据不同的目的，我们可以用不同的标准对社区进行划分，常用的主要是以下四种：

1. 功能分类

作为社会活动的综合体，社区具备多种多样的功能。社区的主要功能在所有功能中发挥着主导作用。在整个社会的分工格局中，社区因主要功能的不同扮演着不同的角色。社区可以按照主要功能的不同划分为经济社区、政治社区、文化社区、军事社区等。

所谓的经济社区指的是社区中绝大多数劳动力都从事生产经营活动，通过一定的生产经营活动来创造社会财富。经济社区可以根据生产经营活动的类型来划分不同的类别，具体分为工业社区、农业社区、商业服务业社区、林业社区、旅游业社区、牧业社区、渔业社区等。

所谓的政治社区指的是全国和省、市、县等行政区域的管理机关所在地，典型的政治中心就是首都、省会等。此外，城市中各类党政机构的聚居区，从某种意义上来说也是一个局部性的政治社区。

所谓的文化社区指的是教育、科研、文化艺术单位比较集中的社区。比如，中关村就是一个典型的文化社区。

所谓的军事社区指的是以军事活动和军事设施为主体的社区，如军事基地等。

但我们需要强调的是，部分社区的功能涵盖了多个方面，既包含经济功能，又包含政治功能，还具有一定的文化功能，对这种情况我们要进行具体的分析。

2. 形成方式分类

社区按照形成方式的不同，主要可以分为两大类别，分别是自然性社区和法定性社区。自然性社区，通俗来讲就是自然形成的社区。这种社区的边界是自然的，社区边界的标志通常是河流、湖泊、空地、山林等。农村中的自然村是自然性社区的最典型表现形式。在自然村中，居民共同生活、世代繁衍，居民对社区的认同感和归属感是比较强烈的。法定性社区的设置是为了满足社会管理的需要。一般是根据行政管理的需要来划定法定性社区的边界。除此之外，法定性社区还可以以自然性社区为基础。在法定性社区内，行政管理机构通常是比较规范的。设置法定性社区有着重要的意义，有助于社会管理的实施，还有利于促进经济社会的发展。

3. 综合分类

社区按照多元综合标准进行分类，可以分为两大类，分别是农村社区和城市社区。所谓的农村社区主要指居民以农业生产为主要生活来源的地域性共同体或区域性社会。农村社区的基础是农业生产方式。一般来说，农村社区的规模比较小，结构也比较简单。所谓的城市社区主要指规模大而密度高的人口以及非农产业活动在一定地域空间的集聚形式。农村社区主要有以下几个显著特征：农业生产是农村居民赖以谋生的主要方式和主要职业；人口密度低；相比城市社区，农村社区中家庭具有更多的功能。现阶段，村落、集镇和集镇区是农村社区的主要形式。农村城镇化是农村社区发展进化和农村发展的总趋势。农村城镇化的意思是农村社区逐渐发展为城镇社区的一种综合的社会经济运动。农村城镇化的过程可以说是农村固有特点的消失和城镇特点增长的过程。所以说消灭城乡差别是农村城镇化的实质。城市社区发展的基础是非农产业和第二、三产业。一般来说，城市社区的规模比较大，结构也比较复杂。城市社区具有以下显著特点：职业和谋生方式是工商服务业；人口密度大，聚居规模大；社会组织复杂，科层组织普遍；居民拥有较高的生活质量和生活水平。

4. 社会关系分类

社区按照社会关系进行分类，可以分为通体社区和联体社区。通体社区是建立在自然意愿基础上的，而联体社区是建立在理性意愿的基础上的。

5. 社区结构完整程度分类

作为地域性的社会共同体，社区毫无疑问具有多重功能。但是有的社区具有比较完整的功能，有的社区功能则比较单一。社区按照结构完整程度可以划分为整体性社区和局部性社区。

整体性社区可以说涵盖了人类社会生活的全部，同时也能够解决绝大多数居民的主要需要。整体性社区提供了相应的条件和设施，能够满足人们生产经营活动、政治文化活动和日常生活的需求。整体性社区的大多数成员能够在本社区范围内进行经济、政治和文化活动，比如一个城市。整体性社区的一部分就是局部性社区。局部性社区包括构成社区的主要因素，但是局部性社区无法满足大多数成员的生活需要，也不能完整地反映社会结构体系。典型的局部性社区包括城市的街道办事处辖区共同体和居委会辖区共同体。局部性社区是城市社区的重要组成部分，虽然社区成员日常生活在这里，但是他们的职业生活、交往活动、文化教育活动等都是在本街道或本居委会辖区以外进行的。

（四）社区的基本特征

1. 群体性

社区内的主体是聚居在一起的人群，这些人群以一定的关系（生产关系或社会关系）为纽带连接起来，进行着共同的社会生活，他们的行为和生活方式具有群体性特征。

2. 社会性

社区可以理解为聚居在一起的人们所组成的社会生活共同体，它具有社会属性，是组成整个社会的单元。按照社会生活的基本需求，社区内必须有基本的生活服务设施、规章制度和相关的管理机构。

3. 同质性

社区内的人群之间是因为存在着一定的社会关系或生产关系才聚居在一起

的，因此他们之间有着较为密切的社会交往，有着共同的需求和利益关系，他们对社区有着情感和心理上的认同感和归属感。

4. 地域性

社区总要占有一定的地域，形成人类社会活动高度集中的地域空间，它以各种基础设施、生产设施和生活设施作为自己的载体。社区存在于一定的地理空间中，但它并不是纯粹的自然地理区域，而是社会空间和地理空间的结合。社区的自然环境形成社区的地理空间，它既是构成社区存在的最基本的物质基础，也是人们活动和社区发展的制约条件。社区内的各种社会关系、社会组织和社会文化等精神因素形成社区的社会空间，它既是人类社会实践的结果，也构成社区成员生产和生活、社区建设和发展的基本条件。社区就是社会空间与地理空间的统一，当然，二者不是一一对应的，如中国作为一个地理空间，其中就存在许多社会空间。社会不注重地域的概念，社会是指人类社会关系的总和，强调的是社会关系、社会群体和社会组织。

5. 共生性

一定数量的人口就可以构成社区，人们在社区内共同生活会形成共同的利益，也会面临共同的社会问题，这就需要社区成员采取共同的行动来解决这些问题。所以说，在社区成员之间存在共同的需要。社区成员共同的价值观念、行为方式能够体现社区意识，共同的理想目标、信仰、风俗习惯和归属感等是其主要表现方式。社区有自己的组织结构，不仅包括生产组织和生活组织，还包括管理组织和相应的管理制度以及家庭、邻里等群体，在群体中生活的人们遵循着共同的社会规范。所以说，社区是具有相对完整的意义和相对独立的社会单位。社会最重要的构成因素是人，人们因社会分工不同而处于不同的位置，担负着不同的职能，也使得人们的思想观念、生活方式和行为方式等各具特点。社会成员比社区成员更复杂、更多样，社会成员之间的冲突和矛盾也更明显。

6. 亲密性

同处于一个社区内，人们有共同的需求，经常进行共同的活动，人们有共同的生活目标，遵循共同的行为规范，因而人与人之间的交往频率高。社区内存在多种群体，尤其是家庭、邻里、朋友群体使社区内的人际关系具有明显的初级关系特征，婚姻和亲属关系、邻里关系、朋友关系使人们处于"共同生活"之中，社区成员之间面对面接触频繁。社会成员之间的关系具有间接性和多元性，社会成员间的接触不一定是直接的、面对面的，社会成员之间也基本上不存在共同的行动和共同的生活。与社区成员之间的亲密无间的关系相比，社会成员之间的关系是比较疏远的，社会中的人际关系主要表现为次级关系。

7. 专门性

这是就社区的功能而言的。笼统地讲，社区具有多种功能，但具体到某个社区，其功能是很明确和专门化的。通常把社区分为城市社区和农村社区，城市社区往往是社会中的一个经济、政治、文化中心，它的主要功能是向社会提供工业产品，农村社区则主要为社会提供农副产品。城市社区在功能上又分为商业区、教育区、工业区和生活区等。社区功能的专门化不是指社区功能的单一性，而是指在多种功能中有一种主导性的功能。

（五）社区的基本功能

在现实社会中，社区具备的社会功能是比较丰富和多元的。在经济领域中，社区的经济组织所进行的生产经营活动及其所发挥的经济功能具有重要的意义，有助于促进社区的运行和发展。社区的社会服务功能、社会保障的功能、人的社会化功能等能够满足社区成员及居民的需求。社区的社会互助的功能、社会整合的功能和社会参与功能等能够满足人际交往和人际互动的需求。社区的政治参与、社会控制、社会稳定功能等能够参与国家生活领域。社区的功能在现实生活和实践中并不是独立的，通常各项功能相互交叉，包容性比较强，互为前提并相互促进。

1. 经济生活功能

社区相当于一个微型的社会，经济生活功能是社区的首要功能。城市社区中的工厂、商店、公司和农村社区中的农场等都属于社区内的经济组织，这些经济组织利用生产或购进的方式为其成员提供衣食住行等基本的生活必需品和相应的服务，有效行使其经济职能，能够促进社区的运行和发展。

2. 社会化的功能

社会化是社会学中的一个概念，指的是人接受社会文化的过程，即"自然人"或"生物人"成长为"社会人"并逐步适应社会生活的过程，社会文化在这一过程中不断积累和延续，同时社会化还能维持和发展社会结构，进一步完善人的个性。社区中的家庭、学校、工作单位以及来自社区之外的大众传播媒介等，都能对社会成员起到社会化的作用。社区社会化功能具有自身的特点，比如能够协调各种组织的活动，在一定程度上促进社区的社会化活动形成有机联系的整体。社区成员通过参与社区的组织和活动，能够形成社会所倡导的行为规范和价值观念，在一定程度上推动成员的社会化进程。

3. 社区的控制功能

社会控制的意思是要人们遵从公认的社会规范，并维护已有的社会秩序。在维护社会秩序、解决社会问题、化解社会矛盾与社会冲突、控制各种非稳定因素等方面，社区具有自身的结构，发挥着重要的作用。社会化功能有助于社区对成员进行内在控制，社区的组织和规章制度有助于社区对成员进行外在控制。这两方面对保障社会稳定和发展起到了一定的积极作用。

4. 社区的参与功能

所谓的社区参与功能是指社区发展为人们参与社会事务提供了社会的场所，同时提供了民主建设与民主管理的机会，居民进行社会参与和民主管理同样有利于社区的发展。人们认识社会、参加社会生活首先接触到的就是社区，人们先参与社区事务，进而再参与更大的社会事务，充分体现了社区的社会参与功能。

5. 社区的福利功能

面对现代社会的老年人问题、职工下岗、残疾人救助和各种应急救助等问题，社会对社区的福利功能提出了更高的要求。社会福利具体包括社会保险、社会救济、社会服务、公共福利等，它最终要通过多种社会服务，发动和组织社区的力量，为社区成员解决困难和提供各项福利，并通过社区的社会工作来加以落实。

（六）社区与社会及社会群体、社会组织的关系

1. 社区与社会

（1）从范围上看，社区是社会的组成部分

作为社会生活共同体的社区，是由居住在同一地方的人们所构成的，各个社区的人口是社会总人口的重要组成部分，同时社区的地域和各种设施也是社会生活条件的一部分，社区的管理机构是整个社会管理系统的一部分。这个层面上来看，社区是社会的重要组成部分。可以说，整个社会是由若干个不同类型的社区所组成的。

(2)从内容上看，社区不能反映社会的全部内涵

社区包含着多种社会主要因素，比如一定的人口、一定的地域、一定的生产和生活服务设施、一定的管理机构和文化现象以及人们的思想意识等。概括来说，社区能够反映社会普遍存在的一些现象。但是需要注意的是，作为社会组成单位和社会缩影的社区，无法反映社会的全部内涵和全部性质。主要原因在于社会不是由众多社区简单拼合而成的，而是由各种社会单位、社会现象、社会关系有机结合而成的整体。社会的性质和特征超越了各个具体的社区，社会的发展规律和运行机制也和具体的社区存在明显的差别。

2.社区与社会群体、社会组织

(1)社区的内涵比社会群体、社会组织的内涵更加丰富

通常情况下，社会群体仅仅指构成社区的一些最基本的单位，社区的规模和功能要远远超过社会群体的规模和功能。社会组织指的是为了完成某一特定的社会目标、执行某一特定的社会职能而形成的比较复杂的社会群体。社会组织只具备某一种或某几种专业性的功能，而社区能够满足人们生存和发展的多样化需求，具备多重的社会功能。

(2)社会群体、社会组织既不脱离社区而存在，又有超越具体社区的特征

首先，社区是任何社会群体和社会组织存在的条件，各个社区都包含着各种各样的社会群体和社会组织，比如在社区中会包含家庭、邻里、政党组织、政权组织、教育组织、企业组织等社会群体和社会组织。构成社区的重要因素就是这些社会群体和社会组织。其次，一些群体和社会组织并不局限于某一特定的社区之内，特别是某些大型社会组织。例如，一些跨国公司在世界许多城市社区都有自己的分支机构。

由此可见，社区与社会群体和社会组织既有联系，又有区别，我们既不能把它们割裂开来，也不能把它们混为一谈。

(七)现代社会重新倡导社区的原因分析

19世纪末期，国际社会开始普遍关注社区。整个欧洲和北美大陆都开始进行社区睦邻运动。英国牧师索里在伦敦倡导成立了慈善组织会社，这是第一个以济困为主要功能的社区服务组织。继慈善组织会社活动之后，英美兴起了睦邻组织活动。英国的巴纳德牧师于1884年在伦敦东区贫民区创办了"汤恩比馆"，这是

一个社区睦邻服务中心。汤恩比馆的成立加速了睦邻组织运动的发展，在英国各个城市和其他国家轰轰烈烈地开展了睦邻组织运动。1886年，美国创立了第一个睦邻公社。1889年，芝加哥成立了"胡鲁邻舍会馆"。工业社会的快速发展，加快了福利国家的建设进程，使得这种共同体逐渐消亡。

在发达国家，社区逐渐衰落。与此同时，在发展中国家，社区逐渐兴起。许多新兴国家在第二次世界大战结束后出现了一系列的问题，比如贫困、疾病、失业、经济发展缓慢等。新兴国家要走工业化的道路，缺乏资源，依靠发达国家是不可能的，依靠本国政府的力量远远不够。在这种状况下，一种运用社区民间资源、发挥社区自主力量的构想应运而生。1948年，联合国在发展中国家发起了社区发展运动，20世纪50年代初，联合国理事会在390D号议案中提出了用社区发展的方法来推动经济和社会的发展的设想，后制订了社区发展计划。1952年，联合国专门建立了社区组织与发展小组。1954年，联合国社会局社会发展组织在亚洲、非洲、南美等地区推行社区发展运动，并取得了一定的成效。

社区共同体在发达国家自然弱化、消亡20年后，社区发展又一次被发达国家接受，重新成为推动社会发展的重要力量。发达国家的工业化道路，带来了人口大量流动、城市急剧膨胀、社会的大型化、大众传媒的普及等，导致了小社区的衰落和解体，社会成员越来越真实地从属于一个更广大的社会，而不是具体地归属于一个与他更贴近的生活共同体。但是工业化的负面影响却造成了个人的疏离感、无归属感和人们因丧失了熟悉的生活支撑体系而带来的孤立无援感，不符合人类的本性和需求。同时也导致了社会控制系统的失灵，造成了社会的中空化。人们开始理性地思考，要想避免工业化的负面影响，就要重视社区这个现代社会的细胞、公共管理的基本单位的建设。经由社区发展获得社会发展，这是全球人类对工业化社会经验教训的总结。

现代社会的社区实践是从发展中国家扩展到发达国家，由农村扩展到城市的。现在已有100多个国家在执行自己的全国性计划。社区发展已成为一项新的世界性运动。由此可见，现代社会人们关注社区、重新倡导社区，就是为了解决第二次世界大战后工业化时代全球遇到的社会发展问题。

二、城市社区的发展

（一）城市发展

我国城市形成于夏、商时期，至今已有数千年的发展历史。相关史料记载，西周时期推行的分封制加快了首邑城市的发展。春秋战国时期形成了三级城邑网络，具体表现为以王城居首，诸侯城列第二，卿大夫都（采邑城）列第三。秦汉时期推行的郡县制在一定程度上促进了行政中心城市的发展。东汉时期形成的县达1076个。秦汉时期经济的发展有效强化了城市社区的商贸功能，促进了商贸城市的兴起和发展。

我国封建社会走向鼎盛的历史时期是魏晋南北朝和隋唐时期，同时，这一时期也是我国城市发展的重要阶段。这一阶段的城市发展有几个特点：城市（镇）数量不断增加，分布范围进一步扩大，空间分布重心发生了转移，从黄河流域转移到了长江流域；开始出现了超过百万人口的特大城市；手工业城市和河港、海港城市逐渐出现；兴起了大量的边防军事重镇，地域经济的发展也推动了大城市外围集市的发展，标志着我国小城镇的兴起。

我国城市（镇）在五代、宋、元时期获得了进一步的发展，四级城市（镇）体系在宋代正式形成，四级主要指的是国都和府、州城、县城和市镇。

明、清时期（鸦片战争前），我国封建社会经济发展相对停滞、资本主义开始萌芽。这一时期的城市（镇）发展的特点是：小城镇大量兴起；城市（镇）数量进一步增加，等级规模结构渐趋均衡；长江、黄河流域的城市得到了进一步发展。

从鸦片战争到中华人民共和国成立的100余年，是我国逐步沦为半殖民地半封建社会的历史时期，也是开始社会现代化的时期。城市（镇）发展在这一时期主要有以下四个特点：商埠开放，形成了城市（镇）轴带，其中城市轴带的中心是上海，两条主要贸易港口是南北沿海和东西沿江；近代工矿业和铁路建设催生出了一批近代工矿业和交通枢纽型城市；大城市和小城镇呈两极分化状态，而中等城市比较少；城市的地域空间分布极不平衡。

新中国成立后我国城市的发展受到经济、政治、社会等因素的影响，表现出如下一些特点：城市人口的增加以自然增长为主；城市发展受政治因素影响大；

城市发展不平衡。我国城市的发展在不同类型的城市和地区之间表现出明显的差异：第一，1979年以前，我国的大城市、特大城市发展较快，中小城市发展缓慢；第二，我国东部及沿海地区城市发展较快，内地城市发展缓慢。

（二）城市社区的出现和发展

工业革命之后，城市社区迎来了蓬勃发展的契机。城市社区出现的途径有：因防御的需要而出现；因优越的地理条件而兴起；因经济交换的需要而产生。我国古代城市的出现受商业性的集市贸易影响。集市贸易不仅是城市兴起的主要推动力量，也是城市发展的重要保证。在政治、军事、经济和自然因素的综合作用下，城市开始出现和发展。

在农业时代，城市的发展是缓慢的；在工业革命后，城市的发展进程加快。在西方，工业化引发了城市化的潮流。由于工业的迅猛发展，大量的农村和小城镇发展成为大城市。机器人工业需要大量的劳动力集中起来生产，导致大量的农村人口从农村流向城市。工业人口的集中又要求有一定的服务设施作基础。大工业生产出的大量产品也推动各类市场及相关设施的发展。在这些因素的作用下，城市的规模越来越大，城市的结构越来越复杂。

在中国，城市的出现和发展与政治、军事有关。古代的城市是统治臣民、管理国家的政府中枢，是防范外来入侵和应对战争的堡垒，城市的兴衰与朝代的更替有很大的关系。我国的大部分城市也是在近、现代兴起的，尤其是沿海城市发展迅速。出现这种现象的主要原因是：帝国主义势力的侵入迫使沿海地区成为通商口岸，与此同时，发育较早的内地城市却在帝国主义政治、经济侵略下衰落。新中国成立后，我国工业经济的快速发展为城市的发展提供了千载难逢的时机，城市以前所未有的速度发展。

（三）城市社区的类型

按不同的城市起源背景和不同的人文生态布局，世界城市可以划分为以下五类：一是欧罗巴型。这种城市类型的特点是城墙包围着城堡，市民集会的广场、大教堂以及工商组合的事务所（后来的市政厅）布局在市中心，工商业市民负责管理城市。二是阿美利亚加型。这种城市类型的特点是摩天大楼和水泥建筑的商业中心遍布城市区域。三是亚细亚型。这种城市类型的特点是皇帝、国王或封建领主等政治上的统治者在城市形成过程中起主要作用。四是中东型。这种城市类型的特点是伊斯兰教大清真寺和为游牧民、商队等设置的集市和商场是城市的标配。五是其他类型。

按城市社区的历史发展进程，可以分为：原始集市、城市、都会、都会带、丑恶都会、衰亡都会。

按城市功能的不同，可划分为：制造业城市、零售城市、批发城市、分化的城市、运输的城市、矿冶城市、教育城市、旅游城市、其他城市。

按城市社区的发展程度，可以分为：前工业城市、后工业城市。

按城市社区的区位，可划分为：内围城市社区、外围城市社区、卫星城社区。

（四）城市社区的建设

1. 社区建设的前奏

社区这种社会实体存在的历史是比较悠久的，因此人们建设社区的实践也比较悠久。我国早期的农村社区就存在互帮互助、共同兴办的公益事业。在新中国成立初期，城市基层社区开展了社区建设的基础性工作。改革开放之后，城市基层社区工作的范围进一步拓展。20世纪80年代后期，全国各地的城市为了更好地进行社会转型，大范围地开展了社区服务活动。在一些城市社区中，相继建立了社区服务协调领导机构，同时责任明确、运行有序的管理机制也由此建立。此外，社区还制订了社区服务的发展规划和计划，制定了相关的政策法规，有效地促进了社区服务健康可持续发展。城市社区不仅建立了社区服务队伍，还建设了各种各样的社区服务设施。为了更好地服务老年人、残疾人、优抚对象、少年儿童和特殊困难群体，城市社区开展了各项便民利民的服务项目，得到了广大市民群众的支持。中华人民共和国成立后的70多年来，特别是20世纪80年代后期进行的一系列社区服务工作，为社区建设的兴起奠定了扎实的基础。

2. 社区建设的产生

随着社区服务的深入和普及，社区工作虽然获得了进一步的发展，但是社区服务的概念尚未形成，为了方便，将其统一划入社区服务的范畴。但实际上，一些工作内容，比如社区治安、社区文化等，并不属于社区服务的内容，由此使得社区服务的概念名不副实。这种情况急需一个更加宽泛的名词来准确地概括社区整体工作，以便促进社区服务和社区的全方位发展。现阶段，中国城市不仅需要社区服务，也需要优美的社区环境、优良的社区秩序，因此，城市需要全方位地开展基层社区民主、法治建设，发展社区文化、教育事业等。20世纪90年代初期，学术理论界和政府相关部门对国外社区发展的理念进行了借鉴，在充分考虑中国国情的基础上，提出了"社区建设"的口号和思路。

3. 社区建设逐渐展开

上海市在我国城市社区建设发展的过程中发挥了重要的带动作用。北京、天津、重庆、南京等城市紧接着开始了全市性的城市管理体制改革和社区建设工作。1999年8月，全国城市社区建设实验区工作座谈会在杭州召开，此次会议确立了社区建设工作目标的三个层次：第一个层次，建立健全社区建设管理体制和运行机制，使其与社会主义市场经济体制相适应。逐步建立新型社区，优化和完善街道、居委会服务管理功能，有效推进街道、居委会工作社区化，社区工作社会化。第二个层次，不断增强社区功能，全方位建设环境优美、治安良好、生活便利、人际关系和谐的文明社区。第三个层次，在居民委员会实行民主选举、民主决策、民主管理、民主监督，进一步扩大基层民主。在此基础上，逐步实现社区居民的自我管理、自我教育、自我服务。三个层次的目标存在紧密的关系，表明了社区建设工作的基本层次和总的发展方向。这次会议还提出了社区建设的运行机制，具体为党委政府领导、民政部门牵头、有关部门配合、街道居委会主办、社会各方面支持、群众广泛参与。社区建设的工作队伍由四部分组成，分别是专职人员、志愿者、社会中介组织和理论工作者。

（五）城市社区的特征

与农村社区相比，城市社区在人口、社会关系、组织结构、社区文化方面具有自己的特点。

1. 经济特征

经济特征主要表现为经济活动复杂，商品经济发达。从历史角度来分析，手工业者和商人的聚集推动了城市的产生。工业、商业、运输业、服务业等非农业产业的迅速发展推动了近代城市的发展。工商业是城市居民的主要谋生方式和主要从事的职业。与农业经济相比，城市经济的运作过程要更加复杂，通过决策、计划、实施、管理、控制和反馈等活动来管理经济运行的生产、分配、交换和消费过程。对于工商业经济来说，商品性强是其典型特征，工商业经济的运转是以商品交换活动为基础的。城市既是古代小商品经济的活动场所，也是发达的现代市场经济的活动场所。商品经济越发达，城市的经济结构就越复杂。空间集中的经济是城市经济最显著的表现，人口、企业和各种活动的空间聚集，有利于城市经济的产生和发展。空间聚集不仅使城市产生了一定的吸引力，也使城市产生了各种问题。聚集经济效应是城市经济最本质的特征，这也是空间聚集导致的，聚集经济效应对企业来说是有利的，在一定程度上能够提升企业的效益。

2.人口特征

人口特征主要表现为人口密度高，人口聚居规模大，社会成员的异质性高。与农村人口相比，城市人口最典型的特点就是人口密度高，人口聚居规模大。由于人口的密集聚居形成了城市，因此城市具有非农性质的社会特点，城市的主体经济结构是工商业，这也是城市能够容纳高密度、大规模人口的重要因素。相关研究证明，城市规模大对城市的发展有着重要的意义，一方面，有助于提升城市的经济效益和社会效益；另一方面，有助于增强城市对周边地区的辐射力和吸引力。当然，如果城市人口过于集中，也会给城市带来一些问题，比如住宅紧张、活动空间狭小、交通拥挤以及犯罪和精神失常等。

城市社区的另一个显著特点就是城市社区人口的高度异质化。首先，城市人口文化素质差异非常大，城市社区群体由多种文化程度层次的人口组成，既包括大专以上文化层次，即博士、硕士、学士及其同等学历的人口，又包括中专（技校）或高中（职业高中）文化层次人口，还包括初中文化层次人口和小学以下文化层次（小学、半文盲或文盲）人口等。其次，城市社区职业群体的构成是比较多样的。城市社区包括产业工人群体、服务业劳动者、专业技术人员和行政、企业、社会管理人员等多种职业群体。不同的职业群体内部还会有不同的工种和亚职业群体。随着城市社区的职业结构越来越复杂，城市社区成员的职业分化程度也越来越高。最后，城市社区的居民观念和生活方式越来越多元化。不同的社区成员具有不同的行为方式和生活风格，城市社区的文化现象和生活方式也多种多样。从某种意义上来讲，城市社区成员的异质化程度越高，城市生活越复杂，那么，城市社区建设和社区事务也就越复杂。

3. 社会组织特征

社会组织特征：结构复杂，流动性强。与乡村社区相比，城市社区的组织规模大、数量多、内部结构复杂，正式组织占主导地位。城市社区组织的显著特征是：组织结构科层化，科层制组织是现代社会组织的一种宝塔式的组织结构和管理模式。组织系统存在监督机制，组织由多个部门按平行关系和垂直关系组成，各部门的职责、权限都有明确的规定。有明确的规章约束组织成员，组织成员要掌握一定的专业知识和技术等。各种组织均为次级群体，成员以专业联系为纽带，业缘关系取代了亲缘关系，城市社区成员之间的交往主要是不同社会角色之间的非人格化的交往。城市社区组织体系非常复杂，组织系统多元化，有国家权力机关、行政机关、司法机关，有企业、事业单位，还有日益兴旺发达的社会中介组织，并且各组织系统之间又存在千丝万缕的关系。导致人口过密，社会政治、经济、文化活动高度集中，社会关系复杂，社会矛盾和冲突多，社会成员的社会流动性大等问题。

4. 社会交往特征

社会交往特征主要表现为非个性化。对于城市社区人口来说，高度异质性和高度流动性是其典型特点。而匿名性是城市社区社会关系的特点，这就使得城市社区具有明显的非个性化特征。对于城市社区成员来说，大多数时候要和大量的陌生人交往，即使社会成员之间相互熟悉，见面的频率也不是太高。这种情况导致城市社区居民人际关系比较疏远，人与人之间的交往很容易存在疏离感和戒备意识，社会交往的匿名性由此产生。社会交往的匿名性带来了两方面的影响：一方面，社会对个人的活动范围约束较少；一方面，人们有更加多的获得成功的机会。

非个性化也称为非人格化。城市人口众多，社会关系又不固定，使社会交往表面化，同时，城市社区的社会分工程度高，又使得人与人之间产生各种需求和依赖。因此，人们在日常交往中容易采取对事不对人的态度，对每一件事的态度和处理方式，仅仅限于程式化的过程而没有任何感情的投入。城市居民在这种异质性很高的社会环境中，慢慢地产生较为宽容的态度，也就是"见怪不怪"。这种求同存异的心态使新生事物甚至稀奇古怪的东西都能够在城市立足，这种宽容性使城市居民能够多元化地发展。

5. 社区心理特征

社区心理特征主要表现为理性化和功利化。经济学范畴中的理性概念有两方面的含义：一是个人理智地计算自己的利害得失；二是个人追求自身利益最大化。显然，理性与冲动是相对的。这种理性在城市现实生活中的表现，就是市民以效率和效能作为衡量和评价日常生活的标准，凡事讲求效率，权衡利弊，且时间观念强。与此相关，市民心理的功利性明显。这一特点主要表现在两个方面：一是讲求实效；二是讲求实惠。城市人注重结果，注重切身利益，这是讲求实效的一面；讲求实惠则是指对现实的、当前的利益感兴趣，对与己无关的事情则漠不关心。市民心理上的理性化、功利化取向，也从人际交往中情感淡漠体现出来，利害得失重于情感得失，使城市人看起来孤独、冷漠。

6. 社会生活特征

社会生活特征主要表现为生活质量高，生活内容丰富多彩，生活节奏快。与农村居民相比，城市居民的生活质量和生活水平比较高。生活质量和生活水平是生产方式的两个方面。生活质量体现了生产方式质的一面，生活水平体现了生活方式量的一面。可以说，人们对生活需要的满足程度就是生活质量和生活水平。不管是从历史和现实的角度来分析，还是从发达国家和发展中国家的现状来分析，在生活质量和生活水平方面，城市居民都远远高于农村居民。之所以出现这种现象，是因为城市经济，社会发展水平高、城市居民的收入水平高，相应地，城市居民的消费支出水平也高。城市基础设施、生活设施的复杂性、完备性要高于农村社区，为城市居民提供了良好的生活环境和生活条件，使他们的物质生活和精神生活的内容都比农村居民丰富。城市的经济、社会活动的特点决定了城市生活的快节奏。城市、工商业经济活动、社会文化活动都是高效率、快节奏的，城市也是新的生活方式的策源地，城市生活具有易变性，新的时尚容易流行，新的思想、观念容易产生、传播，使城市居民的生活紧张程度高于农村居民。

三、城市社区体育

（一）社区体育的定义

现阶段，我国学术界对社区体育的定义普遍认同的观点包含了四个方面：一是社区体育是在一定区域内开展的体育活动；二是社区居民是社区体育的主体；三是娱乐和健身是社区体育的目的；四是社区体育是群众体育的重要组成部分。通过以上分析，我们可以将社区体育理解为社区居民在社区内开展的以娱乐身心、促进健康为目的的群众性体育活动。社区体育的服务对象是全体居民，社区开展体育活动的基础是社区内人力、物力、财力等方面的体育资源，社区体育的最终目的是促进居民体育锻炼，提升居民身心健康水平。社区体育最典型的特点即自主性、公益性、多样性、有趣性、服务性等。

从目前我国社区的形成来看，我国社区主要是指城市社区，是以行政管辖范围来划分的区域性社区，不像其他许多国家那样是自然形成的社区。从社区范围看，我国社区主要是指街道管理下的基层社区，也不像许多国家那样一个城市就是一个社区。从社区居民结构看，我国社区居民素质参差不齐，关系不密切，共同的目标不明确，联系居民之间的纽带不紧密，居民之间几乎处于松散状态。因此，对社区体育的理解，要立足于我国社区的实际情况，既要强调社区体育的区域性特征，又不拘泥于将社区体育限定在行政划分的区域内；既要区别理解社区体育的理论、实践与社区体育的行政管理，又要关注社区体育的基础目标和本质功能；既要明确社区体育的时代特征，又要正确看待社区体育的长远发展。

（二）社区体育的基本特征

1. 健身性与娱乐性

健身和娱乐是社区居民开展体育活动的最主要目的。居民并不是为了提高体育运动竞技水平而去参加社区组织的体育活动，进行体育锻炼的主要目的是增强自身体质，保持身体健康，同时使自己的文化生活更加丰富，使自己的心情更加舒畅，精神更加愉悦。所以，社区体育活动最主要的特征是健身性和娱乐性，另外，社区体育工作的出发点和根本任务也是健身性和娱乐性。

2. 自由性与自主性

社区居民开展体育活动的形式主要是自发的，每个居民都可以按照自己的爱好、特长、需求和目的，自主选择活动的项目、时间、地点及参与的方式，既可以个人自娱自乐，也可以加入社区体育组织，还可以有相同兴趣爱好的需求者自由组合活动，充分体现了社区体育活动的自由性和自主性。

3. 保障性与市场性

社会的最小组成部分就是社区，社区居民的健康水平和邻里关系直接影响到全社会的经济发展和社会的安定团结。社区开展体育活动有一定的目标任务，即促进社区居民开展体育锻炼，进一步提升社区居民体质健康水平。此外，社区体育旨在通过组织体育活动，有效增强居民之间情感交流与沟通，推动和谐社区的建设。这就对我国政府社区体育工作提出了更高的要求，在政策和法规方面保障居民体育健身的权利，在社区体育场地设施建设、社区体育健身指导、社区体育活动经费、社区体育公共服务等方面投入了大量财力、物力和人力，保障社区居民开展体育健身活动的基本条件。同时，由于政府的财力有限，不能满足部分居民对体育健身条件的更高要求，因此，政府出台政策，积极鼓励体育服务企业向社区居民提供体育健身服务，走市场化道路，居民可以根据自己的财力和需求，向体育服务企业购买相应的体育健身服务。保障性服务与市场购买服务相结合，将是未来长期存在的社区体育健身服务的主要方式。

四、城市社区体育的发展

（一）我国城市社区体育发展的现实基础

社区开展体育活动具有自身独特的优势，即就近、就地、方便，不仅如此，社区体育还能充分发挥体育的社会交往功能，和谐人际关系，进一步丰富离退休老人的业余生活。从组织管理的角度来分析，社区体育集约化的优势也比较明显，能够充分地利用社区内的经费、场地和条件，也就是说，社区内的各单位团体各尽所能，有钱的出钱，有场地的出场地，有人的出人，从这个角度分析，社区组织体育活动更加经济，这一优势也更有利于社区体育的开展。

我国有许多现代化的大中型体育场馆和体育设施，并逐步向社会开放。例如在上海，大多数体育场和体育馆已全部向社会开放，不仅有助于民众进行体育锻炼，也有助于促进社区体育的发展。另外，在一些矿厂和学校内，也配备了较好的体育场地和设施，这些场地和设施在休息日也会向群众开放，能够促进职工和居民开展体育活动。而且在公园、广场、空地等也有为群众提供进行体育活动的设施和条件。

各社区都有较完备的行政组织和民间团体。社区体育有一定的组织形式和体育指导员。

街道社区体协和体育活动站是开展社区体育的主要形式，为社区体育的发展提供了便利条件。

（二）我国城市社区体育发展背景

20世纪80年代，随着我国实行改革开放，西方现代城市治理的先进理论被引入我国城市治理的实践中来，城市社区建设在我国开始兴起，社区体育也成为一种伴随着社区建设而兴起的社会体育现象。20世纪80年代中期，中国科学院社会学研究所为了适应我国城市的快速发展需要，将中国城市发展模式研究作为研究重点，开始了对我国城市发展战略的研究。城市社区体育文化发展模式也成了广大学者的研究对象，中国社区体育的研究正式开始。1989年，天津市河东区首次提出"社区体育"的概念，随后社区体育活动、社区体育竞赛、社区体育服务在全国各城市社区蓬勃开展。2008年北京奥运会后，随着我国城镇化步伐的加快，体育体制改革的不断深入及经济社会的不断发展，社区体育成为我国群众体育的重要组成部分，成为"健康中国"建设的重要阵地，受到了中央政府的高度重视，在国家"十二五""十三五"发展期间，社区体育得到了空前的发展。

（三）我国城市社区体育发展历程

1. 自发形成阶段（1986—1995年）

1986年之后，在改革开放的推动下，群众体育工作开始发生变化。在北京、天津、上海等一些大城市，街道办事处以社区为单位组织开展了一些群众身边的体育活动，还成立了街道体育协会。1989年，天津市河东区二里桥街道率先提出了"社区体育"一词。民政部是最早提出"社区体育"的政府行政部门。自民政部提出了"社区服务"的概念后，社区体育才真正得到了开展。1991年7月，我国第一次社区体育工作研讨会在天津召开，此后，社区体育在我国逐步发展起来。

2. 政府推进阶段（1995—1997年）

1995年至1997年，我国社区体育获得了高速发展。根据我国社区体育发展的需要，政府行政部门相继出台了促进社区体育发展的方针政策。1995年6月，国务院印发了《全民健身计划纲要》。1995年8月，全国人大批准颁布了《中华人民共和国体育法》。1997年，原国家体委、教委、民政部、建设部、文化部联合下发《关于加强城市社区体育工作的意见》。这些方针政策为社区体育的发展提供了便利条件。

3. 加速发展阶段（1997—2008年）

1997年至2008年是我国社区体育发展的实践推进时期，国家和地方行政部门先后出台了社区体育工作标准，组织开展了争创体育先进社区活动，推动了我国社区体育的快速发展。1997年，国家体委印发了《全国城市体育先进社区评定办法（试行）》，1998年，国家体委下发《关于开展第一批全国城市体育先进社区评定工作的通知》，2000年12月，国家体育总局下发了《2001—2010年体育改革与发展纲要》，2006年，国家体育总局发布了《体育事业"十一五"规划》等。

4. 快速发展阶段（2008年至今）

自2008年北京奥运会之后，中央政府将建设体育强国提上议事日程，认识到群众体育是体育强国之本，群众体育越来越受到各级政府的高度重视，社区体育作为城市群众体育的落脚点，得到了快速发展。2010年国家体育总局修订完善了《城市体育先进社区评定办法和标准》《社区体育俱乐部创建标准、申报办法》，大力推进"全国城市体育先进社区"评选工作，积极组织开展"创建国家级社区体育健身俱乐部""全国社区体育优秀健身项目展演""社区体育健身俱乐部管理人员培训"等一系列活动，有力地推动了社区体育的快速发展。随着2014年10月国务院印发《关于加快发展体育产业促进体育消费的若干意见》，2016年5月体育总局印发《体育发展"十三五"规划》，2016年10月中共中央、国务院印发《"健康中国2030"规划纲要》，我国社区体育进入了新的跨越式发展时期。

五、城市社区体育指导员

（一）社区体育指导员的内涵

从严格意义上讲，社区体育指导员是持有社会体育指导员证书，面向社区居民的实际需要，进行技能传授、锻炼指导和组织管理的人员。在实行相关等级制度之前，许多社区就活跃着一批社区体育骨干分子，他们往往在某个项目上有专长，乐于助人，善于表达，在群体锻炼中逐渐成为中坚力量，被其他锻炼者尊为师傅。还有一些社会体育团体，如太极拳协会、武术协会等，从本组织中选派一些骨干分子，到公园或健身苑宣传指导社区成员健身。有的是义务指导，有的进行有偿服务，随着相关制度的逐渐完善，一些未取得等级证书的人应接受培训，全面提升自己，取得相应证书进行社区体育指导。

在社区体育发展过程中，社区体育指导员发挥了重要的推动作用。现阶段，我国社区体育指导员在数量、质量和综合素质方面还存在一定的不足，难以满足社会的现实需求。在社会体育中，目前的社区体育指导员尚不能发挥主导作用。但是随着社会体育的深入发展和社会体育组织以及社会体育指导员体制的健全，社区体育指导员在未来的社会体育发展过程中地位必然会越来越高，会逐步发展成为社会体育的中坚和骨干。

（二）社区体育指导员的特点

1. 非职务性

所谓的社区体育指导员，指的是具有社会体育指导员资格，并且在社区从事体育指导工作的人。社区体育指导员的职业资格需要经过专业化的评审，并且由各级体育行政部门和国家体育总局认定。社区体育指导员的技术等级共分为四级，分别是国家级、一级、二级、三级。

2. 社会服务性

社区体育指导员为社区成员的体育健身提供科学指导。提供的服务方式主要有两种，一种是义务性服务。许多资料表明，社区体育指导员多以兼职为主，提供义务服务。另一种是有偿服务。体育指导员在传授技能，进行锻炼指导时，收取必要的费用，用于弥补相关开支。社区体育指导员的服务不以营利为目的，突出社会效益。

3. 工作内容的复杂性

在社区体育活动中，社区成员不仅需要社区体育指导员进行现场技术指导和健身咨询，还需要其有使用、维护多种运动健身器材的技能、运动心理和生理、医疗保健方面的知识和自身健康的形象。另外，为了扩大社区体育的影响，社区体育指导员也需有良好的公关能力。

4. 工作对象的广泛性

社会各个阶层的成员都可以参加社区体育活动。不分年龄、不分职业，具有不同的文化程度，参加体育锻炼的动机不同，对体育锻炼的认知各异。从活动的内容和指导方式来分析，涉及面广且杂。这就对社区体育指导提出了更高的要求，针对不同的对象，需要采取不同的健身、健美、休闲娱乐、康复体疗指导方法。

5. 活动指导的平等性

社会体育指导员与社区成员处于平等地位。社区成员是整个体育活动中的主体，社区体育指导员提供服务和指导，并营造一种宽松、和谐、民主、互帮互学的锻炼氛围，促进邻里关系和社会交往的和谐。

（三）社区体育指导员的职责

社区居民是社区体育指导员的指导对象。在指导过程中，社区体育指导员需要根据居民的收入水平、年龄结构、价值观念、学历程度、体质状况等进行针对性的指导。社区体育指导员应履行的具体工作职责是：

1. 提高社区成员的体育参与意识

为了提升中青年参加体育锻炼的意识，社区体育指导员有必要利用相关宣传媒介来进行体育健身的宣传，还可以组织相关体育比赛来营造体育锻炼的氛围。除此之外，这些体育指导员也可以邀请体育界、医学界和心理学界的专家来社区进行演讲。总而言之，体育社区指导员可以通过各种各样的途径来调动中青年参加体育活动的积极性。

2. 积极组织居民参加体育活动

社区体育指导员在社区成员的体育活动中，充当着参与者、指导者、管理者等多重角色。在公园，健身苑等体育场地，社区体育指导员要带领已掌握技能的成员共同练习；对新加入者介绍方法原理，示范领练。另外，自身也要不断学习和掌握新的体育项目，以适应社区成员需求的变化。一个社区体育指导员就犹如一个市场策划者，把自己的服务首先介绍给居民，而后经过发展、成熟，直到重新提供新的服务。社区体育指导员应开展社区间体育比赛和组织经验交流，来推动社区体育发展。

3. 科学指导体育活动

如果不从自身实际条件出发而盲目地进行体育锻炼，非但起不到锻炼效果，还可能会损害身体健康。也有的成员因为不知道如何锻炼身体，而只是饭后散散步，或在家看电视、打牌来打发时光。社区体育指导员应根据社区成员个体的体质状况和健康水平，有的放矢地进行指导，让其有章可循，循序渐进地掌握身体锻炼方法。提高身体素质，充分科学地使用健身器材也离不开体育指导员的有效指导。定期或不定期地进行科学健身授课，是社区体育指导员工作的一部分。

4. 挖掘体育文化内涵

随着我国居民生活水平越来越高，居民的消费结构和方式也发生了相应的变化。人们更加重视教育、娱乐、文化及体育方面的需求。参加体育运动有着重要的意义，不仅能够强身健体，还能够愉悦身心，给人们带来轻松与潇洒、愉悦和自信。社区体育指导员可以向社区成员介绍相关的体育文化，引导社区成员进行体育活动，感受体育活动深层次的文化意境。

5. 充分利用学校场馆设施，提高社区成员锻炼效果

在社区内，大多数的学校体育场馆设施已经对外开放，社区体育指导员可以充分利用就近场馆来教授社区成员相应的技能，不断丰富社区成员的健身项目。

（四）社区体育指导员的素质

1. 思想素质

社区体育指导员要坚持社会主义道路，有较高的思想政治觉悟；要热爱社区体育工作，有强烈的事业心和责任感；要有自觉的法治观念和良好的道德修养，依法开展工作。

2. 科学文化素质

一个合格的社区体育指导员应具备广博的知识，尤其是专业理论水平，不仅影响其个人才能的充分发挥，而且是影响群众信赖和锻炼指导的一个因素。社区体育指导员应具备的知识主要包括：锻炼指导知识和组织管理知识。锻炼指导知识包括体育锻炼的基本原理、体育锻炼的生理学、医学和心理学知识以及各种体育技能的教学、训练和科学健身的理论知识；组织管理知识主要指社区体育的政策、法规的基本精神，以及同社区体育相关的经济、文化方面的政策法规，社区体育管理的原则与方法，社区体育活动的组织形式和工作计划以及各种体育活动与竞赛的组织管理方面的理论知识。

3. 业务素质

社区体育指导员所掌握的理论知识，只有应用到实践中，才能促进社区体育的发展。社区体育指导员的工作能力主要体现在组织管理能力和锻炼指导能力上。

具体表现为对社区体育的宣传发动、计划总结、组织实施等方面的能力；具有清晰明了、富有感染力的语言表达能力和准确无误的示范表演能力；善于协调各个方面关系的能力；敏锐地观察、分析问题和评价锻炼效果的能力等。

4. 生理、心理素质

社区体育指导员肩负着体育锻炼的指导者和体育锻炼的实践者的双重职责。社区体育指导员经常参加体育锻炼，不仅身体健康，而且精力充沛，能够有效地感召和吸引社区成员积极参加体育活动。众所周知，体育运动有着良好的功能，能够有效消除沮丧和焦虑，缓解紧张，调整心态。优秀的社区体育指导员往往拥有良好的心态，豁达乐观，积极向上。这种良好的心态能够影响体育锻炼者，使他们在进行体育活动时感到轻松愉快。

六、城市社区体育建设的运行机制

（一）领导机制

社区体育建设能够顺利推行的关键是要形成自上而下的推动力。要强化体育行政部门和民政部门对体育建设规划的领导，同时各个部门也要加强协作，增强共建的合力。

1. 建立领导机构，实行联席会议制度

要想将社区体育建设搞好，其过程必然会需要多部门参与，共同推动对社区的管理。各个部门都有自己的职责，需要认真履行，如果其中任何一个部门没有履行到位，必然会对社区功能的发挥造成影响，进而对社区体育建设和管理不利。

社区体育建设在近几年得到大力发展，社区工作平台的重要性也越来越凸显，因此，很多部门都将社区的工作放在重要位置。但是，不可否认在工作推行的过程中存在着很多问题，其中一些部门各自为政，社区体育建设的合力并没有形成。在社区体育建设中，参与的部门比较多，工作复杂，部门之间的利益错综复杂，容易引起利益冲突。为了减少这些问题的发生，需要建立一个领导机构统一进行协调管理，将各个部门的力量整合协调。因此，各级行政部门要成立以党政主要领导参加的社区体育建设工作委员会，负责协调各部门在社区的工作，及时解决社区体育建设中出现的问题。同时，为了让工作委员会的作用得到真正的发挥，可以实行联席会议制度,这个制度需要参与单位的负责人定期开展会议,对社区体育建设和管理中出现的问题进行讨论解决。

2. 加强信息沟通与合作,发挥创建活动的推动作用

社区体育建设和管理要制定考核的综合指标,将社区体育建设作为载体,在建设卫生城市、文明单位的过程中,各部门统筹安排各个活动,分工协作,共同促进。

(二)政策引导和激励机制

在社会体育建设的过程中,党政领导可以作为外在的推动力,内在的动力就是社会力量的支持,需要广大的居民都参与到建设中来。两种动力的共同推动才能让社区的体育建设顺利进行。因此,要将社会力量和居民与社区结合起来,找准结合点,对应问题制定相应的政策,并且建立好激励机制,这样社区体育建设才能长久、健康地开展。

1. 建立激励居民参与政策

社区体育建设离不开广大居民的广泛参与。动员居民参与工作不能盲目开展,要有计划分层次地进行,将居民划分成不同层次、不同类型,然后根据划分好的层次和类型采取不同的激励政策。

首先,社区需要组织吸收一批志愿者,这批志愿者可以为社区的居民服务,促进社区体育公益事业的开展。志愿者队伍的多少标志着社区的文明程度。同时,志愿者队伍也需要政府给予一定的表彰和奖励,以激励更多的人加入志愿者队伍。

其次,召集一些有一技之长的居民,将这些居民合理安排,发挥其自身所拥有技术的优势,为社区开展服务。当然,这部分居民的工作不是无偿的,需要适当予以补贴。有一些社区的措施十分先进,实施了一个叫作"时间储蓄"的方案,将个人为他人服务的时间记录下来,等自己需要别人帮助和服务的时候可以享受到他人同等时间的服务。在学生的假期期间,可以根据学校安排的社会活动,让更多青少年、大学生也参与到社区的体育活动中。另外,老年人在社区的作用也不可忽视,在组织好、服务好老年人的体育活动,做到老有所依的同时也要让老年人在社区做一些力所能及的服务。根据社区服务的不同性质和情况,对为社区服务的居民采取不同的激励政策,将居民的热情激发出来,更好地培养大家的社区意识。

最后，要通过利益联系，将居民的参与积极性调动起来。要强调共同需求和共同利益的理念，这样居民才能更加有积极性，同时也能真正让居民在社区体育建设中获得应有的利益。

2. 鼓励社会力量进社区

社区体育建设不是一件小的事情，是一件涉及各方利益的大工程，只有依靠政府才能顺利推进，但是如果完全依赖政府又容易形成政府包办的局面。所以，要动员社会力量参与进来，用社会力量支持社区体育建设，在建设中建立中介组织，同时也要建立激励机制。

首先，通过政府委托和利益驱动，使社会力量进入社区。社区和居民的关系十分紧密，社区在整个社会中属于一个大市场，居民在社区中属于消费的终端，因此社区和居民对社会力量的吸引力比较强。要发展社区体育建设，政府可以通过招标等各种社会形式委托给中介组织，必然会吸引大批感兴趣的社会力量参与，这些社会组织和力量也能通过这些形式增强对社区贡献的积极性。可以通过发布信息、提供条件等各种渠道，让社会力量参与进社区的体育事业中来。

其次，中介组织参与社区体育建设的事业也必须要有完善的政策法规来鼓励和规范。政府可以从政策、资金、项目、场地和税收等各方面给予中介组织优惠，这样也就为中介组织的后续工作建立了良好的制度环境。另外，政府还要加强对社会组织参与社会体育建设服务的监督，制定好服务的规范标准。

（三）社会投资机制

社区投资仅靠政府很难负担，因此，建立政府投资和社会筹资相结合的资金筹措机制是解决社区体育建设资金短缺的重要手段。

1. 吸引社会力量投资社区体育服务业

社区体育服务是社区体育建设的龙头和骨干，是新的经济增长点，是安置下岗职工的有效途径，已成为共识。随着形势的发展，需要出台新的发展社区体育服务的优惠政策，吸引社会投资，形成社会化的投资机制，使社区体育服务走社会化、产业化的道路。

2. 改革现行体育彩票、足球彩票、福利彩票的发行制度

在社区中的管理合理布局，从居民中选派售票人员，当然主要锁定在社区的特困人群，这样也可以帮助解决一部分困难人员的就业问题，同时，彩票的销售

也可以分给社区一部分佣金。一些城市的社区已经开展了这种模式的彩票销售，并且取得了成功，因此这种模式是可以推广复制的。

3. 强化建设资金的使用管理

要对社区体育建设的资金进行制度化管理，并且要细化到每一个流程，包括筹集、使用到监督等，严格监督和审批资金的使用情况，确保资金的专款专用。

（四）发挥民政部门的牵头作用

1. 基础作用

民政工作的特点具有基层性、社会性、群众性，是直接面对广大群众的工作。社区建设是城市民政工作的载体。社区自治组织在社区体育建设中起着基础性的作用。要做好这些工作，就必须在基层寻找到着力点，必须紧紧依靠社区居委会。只有组织建设好了，在社区有了阵地，各项工作才能在社区找到立足点，才有体育建设工作的平台。

2. 推动作用

民政部门在社区体育建设中起着推动作用。主要表现在以下几个方面：一是通过调查研究社区体育建设的状况及存在的问题，给政府当好参谋助手。二是抓好试点工作，总结推广经验。尤其是在社区体育建设处于起步阶段，要从社区体育建设本质要求出发，选择不同类型的城区、街道或居委会，分别进行社区体育建设试点，并及时总结试点经验，然后通过各种行之有效的途径进行推广。三是通过评比表彰，进行示范引导。评比表彰是推动工作的有效方式，也是民政部门推动社区体育建设工作的一项职责。通过评比表彰先进社区、先进集体和先进个人树立榜样，起到示范引导的作用。四是开展社区体育建设的宣传、培训工作，营造开展社区体育建设的舆论氛围。同时还要大力培训社区体育建设的组织人员和骨干分子，使他们掌握较为系统的专业知识，以利于社区体育建设工作的深入。

3. 协调作用

民政部门将制定和修改社区体育建设的法规、标准和考核的办法，在制定的过程中会将所有部门的工作也纳入标准，并且这些法规和标准不会立刻实施，还要提交给相关的机构经过讨论之后才能实施。另外，社区体育建设的法规和标准实施的情况也要受到监督和检查，确保每一项工作都落到实处。各部门需要协调工作，对社区体育建设中出现的问题定期检查，并且及时解决，这样就可以帮助社区减少体育建设过程中的障碍。对社区体育服务事业的认证可以让服务业更加规范，再加上加强对社区服务的监督和管理，社区服务将会变得更加规范化、社会化和产业化。

七、国外社区体育发展对我国的启示

（一）芬兰

芬兰属于北欧国家，也是发达国家。在芬兰，国家负责体育的机构是教育部和文化部，这两个部门的主要职责就是通过立法和财政手段促进体育政策实施，使体育活动能够顺利开展，并且还肩负对体育竞赛活动中的道德行为的监督的责任。

芬兰的社区体育发展建设措施和启示主要有以下几点。

（1）国家体育资金为体育提供公共服务

芬兰的国家体育发展资金主要由两部分组成：政府的财政预算和彩票公益金。芬兰的体育资金构成和我国的体育发展资金比较相似。在芬兰的体育建设中，资金一般都用来建设体育场馆的设施，这样就能满足大部分社区居民的体育需求。可以看出，体育场馆设施的建设能够促进社区居民参与体育活动的积极性。

（2）社区体育资源中地方体育俱乐部是重要的组成部分

各种体育俱乐部为芬兰的体育公共事业提供了多种服务，是芬兰体育公共服务的重要来源，政府会为这些体育俱乐部拨款补贴以支持俱乐部的运营。体育俱乐部的发展也促进了该国家的大众体育事业的发展。

（3）体育秘书是芬兰社区重要的公共体育资源

体育秘书是芬兰社区体育公共服务供给的主要执行者，相当于中国的社会体育指导员。不同的是，芬兰体育秘书一般是专职的，是享受政府专门补贴的，而我国社会体育指导员大多是兼职的，很少享受补贴。芬兰政府专门划拨一部分资金补贴到各地区，用于聘请体育秘书对社区居民进行体育健身指导。

（二）美国

美国作为世界上最发达的国家之一，其体育发展水平自然也在世界范围内处于领先地位。美国在很早的时候就已经开始发展社区体育了。美国发展社区体育的重要措施是建设社区体育休闲公园。一般来说，美国的社区体育设施建设和社区体育休闲公园的建设是同步进行的，将这两者同步推进是因为可以将休闲设施和体育设备结合起来，这样既能够满足社区居民体育健身的需要，也能满足他们生活娱乐的需求。一般公园的设置情况是按照附近社区的大小和人口数量来规划的，因此，会出现不同层次和类型的社区公园，有一些居民居住地的小型公园，有的是在街区布置的中等公园，也有一些公园规模比较大。不同类型的公园建设的基础是原本的自然景观，然后在公园中配备上体育设施，体育设施的配置情况一般会按照居民的健身需求和比例进行，除了一些常规的体育项目场地，公园里还会配有各种各样的生活活动设施，比如小型商业点、儿童游乐场等。

美国社区体育发展有以下特点和启示。

（1）注重社区体育设施建设和体育活动服务的层次性

美国将社区的体育活动服务分为不同的层次来进行体系的建设，政府会根据社区的层次和规模以及居民的需求来对体育设施的配置和服务进行规划。这种层次性的服务可以促进对不同范围和层次的社区体育活动的开展，人们都可以在这些多样化的服务中找到自己心仪的体育服务，一般是按照居民的年龄、经济条件和文化与社会层次来划分的。

（2）强调社区体育的休闲特征

人类活动中最主要的两个方面就是工作和休闲，作为休闲的重要场所，社区的功能十分重要，是人们日常生活的地方，美国人更倾向于在社区中进行休闲的生活。所以，美国的社区体育建设时会配置上体育设施，还要将休闲设施也配置上，这样就可以在社区同时进行体育锻炼和休闲生活。

（3）加强社区体育俱乐部的建设

美国的社区体育发展的主要形式和芬兰差不多，就是发展社区体育俱乐部。美国的联邦政府和州政府都将社区体育俱乐部的建设作为体育建设的重点，在每一段发展时期都会根据发展规划出台相应的扶持政策，极大地推动了社区体育俱乐部的发展。美国社区体育俱乐部一般都是自主经营管理日常的事务，运行的经费来源一般分为三种，分别是政府拨款、会员会费和社会资助。在社区生活的居民可以根据自己的爱好和需求选择俱乐部加入。

（4）倡导社区体育建设的多元化投入

社区体育的建设用地一般都是有保障的，政府会出台立法来保障。政府会出资建设社区的体育设施，当然，还会让更多的社会力量加入进来，形成政府、社会和个人共同参与推动的多元化社区体育建设投入方式，这样也就在资金等各方面确保了社区体育建设的发展。

（5）推行社区体育管理的行政化和制度化

由于美国社区体育设施大多建在社区公园，具有休闲与体育的特征，因此，社区体育管理的职能部门一般是公园和休闲委员会，下设三个部门：筹划部、活动服务部和综合部。美国社会是一个崇尚法治的社会，立法是各级政府的重要工作之一。社区体育建设、管理、运行都是以法律和制度为依据的。例如，在社区体育建设用地和设施建设标准方面，都有相应的法规规定。

（三）日本

日本是亚洲重要的发达国家，日本政府非常重视国民素质的培养。在体育发展方面，1972年颁布的《关于普及振兴体育运动的基本计划》起到了巨大的促进作用。在社区体育建设中，对社区体育的发展规模和场地、器材设施的配置标准及管理机制等方面，在《关于普及振兴体育运动的基本计划》中进行了明确的规定。这些规定有力地促进了社区体育的发展，完善了社区体育的建设和管理。

日本社区体育发展的启示如下。

（1）注重在社区体育中传承民族体育文化

日本政府在发展社区体育中，非常注重体育项目的民族性特征，大力推行民族传统体育在社区居民中的传承与发扬。柔道、剑道是日本的国粹，棒球和垒球也是日本国民非常喜爱的体育活动，柔道、剑道及棒球和垒球是必须设置的体育教学项目。

（2）实行多元化社区体育管理体制

政府在日本的社区体育管理方面只负责宏观方面的发展和规划，更加具体细节的发展事务一般是由社区内设立的体育组织来负责。社区体育组织的构成包括多个机构：市区町村级的体育协会、体育指导员协会、休闲协会等。另外，除了政府和社区组织管理的社区体育建设管理外，还有很多社会组织参与到社区的体育投资建设，像一些财团、企业和个人都可以参与进来，建设体育中心、体育组织和体育俱乐部，这种情况下建立起来的体育社区一般自负盈亏，经济上也比较独立。

（3）社区体育资源使用共享化

日本和很多国家一样，体育设施大部分都分布在各个学校中。因此为了合理利用学校的体育设施，促进社区居民体育健身，在1976年6月，日本的文部省颁布了《关于推进学校体育设施开放》的规定，这项规定要求学校的体育设施要向社区的居民开放，当然前提是不影响学校的教学。这项规定促进了社区和学校体育设施资源共享的良好局面形成。

（四）英国

英国是欧洲经济最发达的国家之一，英国大众体育是在20世纪60年代开始发展起来的。1960年之后，英国中央政府开始重视大众体育与竞技体育同步发展，先后颁布了《关于全民体育运动的未来计划》《奥运会计划》《新的健康与安全法》。

英国在社区体育发展政策制定方面，非常注重实践性和实效性。政策制定之前都要开展广泛的调查，由政府有关部门、各党派、学术机构、运动协会等组织和机构，在广泛征求社区广大居民的建议的基础上，针对具体发现的各种问题，进行总结提炼，最终形成解决方案和发展思路。这种来源于对现实问题解决方案的整合性理念具有前瞻性和现实性。

在社区体育建设方面，英国政府认为公民参与社区体育活动是每个公民的基本权利，政府必须为公民提供平等的参与体育活动的机会，并以法律形式规定居民健身娱乐活动的权力。因此，在社区体育活动场地、设施、公共空间的使用和管理方面由政府提供保障，并以福利方式来推广落实居民的健身娱乐活动的权力。英国是目前世界公认的社区体育福利较好的国家之一。

英国社区体育发展的启示如下。

（1）社区居民参与到相关公共体育政策的制定与执行中

英国公共体育政策的制定过程，是一种自下而上的民主决策方式。在广泛听取专家和民众建议的基础上，由行政议员们决定，而行政议员的决策权又是由广大的社区民众决定的。

因此，这种民主化的过程一定程度上促进了政策的科学性、合理性与合法性。在社区体育政策的具体执行方面，主要是通过公开招聘的社会团体与组织成员实施，其主要职能是提供公共体育服务，这种社会参与的方式极大地提高了体育政策的执行效率。

（2）英国鼓励第三方参与提供社区体育资源

英国地方政府并不直接为民众提供休闲、娱乐的操作性服务，一般由第三方提供服务，政府向第三方支付服务经费，并对第三方提供的体育公共服务过程进行监督与调控，这种管理模式有效地保障了社区居民的利益。

（3）注重社区体育发展规划的科学性与长远性

英国体育理事会对社区体育发展提供指导性建议，出台一些很具体、操作性很强的手册和指南，以便供应方按照规定要求执行。例如，20世纪80年代中期，英国要求每25 000人的社区就需要建设一个体育中心，并且对于场地设施的建设提出了非常详细的流程与建议。如需要先经过大范围的市场考察后，列出体育设施的管理及规格，再考虑选址问题，并对选址作详细的可行性分析，在充分论证的基础上对设施的规格和管理做相应的调整，在这些条件都具备后才能修建设施并投入使用。

第二节 城市社区体育发展的现状

一、社区体育发展

（一）社区体育发展概念的界定

随着社会的发展，社区的地位也在日益提高，社区的建设成为国家发展的一项重要举措。而社区体育作为社区发展的重要组成部分，越来越受到重视，发展社区体育是一项利国利民、促进社区发展的公益性社会活动。社区体育的关注度不断上涨，人们都在关注这项热点问题，这种情况下，社区体育发展理念就成为社区体育发展的前提保证，十分值得关注。

社区体育发展指的是居民、政府和社区组织将社区的体育资源不断整合，并且针对社区体育的问题及时发现并解决，最终改善了社区的体育环境，将社区的居民生活质量提高的过程。社区体育发展具有多方面影响，既能够增强社区居民的社区认同感，也能够将社区居民的体育参与意识强化，让居民培养体育情感，增加参加体育参与的人口数量。最终确定新的体育形态、推动体育社会化和生活化。

（二）社区体育发展的机制原理

社区体育发展的机制原理指的是社区体育发展的结构、功能和动力关系。从结构上看，我们可以将社区体育的发展结构分为四个子系统，分别是概念子系统、组织子系统、文化子系统和器具子系统。概念子系统能够为社区体育发展提供价值目标的导向，这个子系统衍生出社区体育发展的理念、目标和意义。组织子系统属于执行系统，能够对社区的体育发展起到启动和领导的作用，社区资源的动员和组织、项目的选择、问题的解决以及各种资源的分配整合都属于组织子系统的负责范围。文化子系统是活动和动作规范系统，个体和群体以及机构的关系和运行都受到文化子系统的制约。器具子系统属于供应系统，社区的居民在物质和文化上的需求都靠器具子系统满足，包括场地、健身器材、用具等，这样社区的体育才能顺利开展。

影响社区体育发展的动力机制主要有两个，分别是政府自上而下的计划推动和社区成员自下而上的需求拉动。这两个动力必须结合起来，才能让社区体育发展的动力得到最大程度的发挥。

（三）社区体育发展的理念

1. 以人为本

社区体育发展必须坚持以人为本和自愿选择的人文理念。社区体育发展的过程中，无论是硬件建设还是软件建设，始终要贯彻"茫茫宇宙，唯人为大，林林万物，为民是从"的人文理念，一切工作的出发点和落脚点都要放在满足居民的体育需求上。

2. 以服务为中心

在一切事物的发展之前都要确定其功能定位。在社区体育发展之前，就要确定社区的体育发展的功能是什么，这种功能定位也只有通过服务才能得到体现，因此，社区体育发展的中心工作就是社区体育服务。社区体育服务能够顺利实施必须要有制度的保障，同时也要有充足的资源供给，所以，社区体育发展的主要目标就是建立起和城市发展相配的社区体育服务保障体系。社区体育保障体系要求功能定位明确、可操作性强，这也是社区体育发展的主要任务。

3. 资源整合

将一些可以利用的资源调动整合起来，挖掘潜在的资源，让这些潜在的资源变成社区体育发展的现实资源，这样才能让社区在经济、政治、文化和体育各个方面都得到进步，体育发展的价值目标正是在此，同时也体现了社区体育发展的价值理念。社区体育发展的资源整合也包括居民的权利和义务以及享受和回报等共享和共担的观念。

4. 本土化发展

我国的各个区域的政治、经济和社会环境存在差异性，因此也形成了区域文化氛围和行为习惯的特征。这些特征也蕴含在社区体育发展中，形成了具有区域性和新的体育形态。本土化发展是未来社区体育发展的方向。

5. 社区参与

在社区体育发展的过程中，要让居民也参与进来，居民要有社区体育意识，这样才能将社区发展的各种资源有效整合，并且真正发挥出功效。因此，我们可以看出，社区体育发展的内在动力源泉就是居民的社区参与，只有居民广泛参与进社区的体育发展中，才能让社区的体育发展更加完整，否则社区体育发展就没有意义。我国的社区体育由于地理和文化等原因都具有自己的特色，但是所有的社区体育发展都具有参与和发展的精神理念。社区体育发展规划的核心是形成一种自主积极参与的精神，只有居民积极参与进社区体育建设，才能实现共同的目标，居民也才能共同享受创造的成果。我国的社区体育发展的内涵核心就是倡导自主参与的精神。

6. 社区自治组织

社区自治就是社区的居民通过一定规范的程序形成一种组织形式，从而对自己的社区依法享有自主管理事务的权利及其过程，也是居民社区参与的高级形态。社区体育的发展也离不开自治组织和中介组织的参与，因为社会体育发展也是今后的发展趋势，社会体育的发展也需要广大民众的参与。但是目前来看，我国的社区自治组织和中介组织处于发展的初级阶段，并不成熟，但是我们仍旧能从中得出这些组织是社区体育发展的重要力量。随着社区自治组织和中介组织的发展，其服务的覆盖范围也越来越广泛，在一些体育赛事、体育经营、体育管理等领域都能看到他们的身影，这也表明，社区自治组织和中介组织的力量正在日益壮大，逐渐成为社区体育发展的主体力量之一，并且成为社区体育发展的新载体。

我国的社区体育正在向着社会化和生活化的方向发展，因此社区体育发展的理念需要尽快明确下来，这也是因为社区体育发展的实践需要有理论上的支撑。如今，我国的社区居民社区体育意识比较薄弱，参与社区体育发展的积极性不高，因此还需要政府引导，以社区体育服务为中心，发展多样化的载体，并且让社区体育朝着本土化的方向发展。

二、社区体育发展的现状和不足

（一）政策方面

社区体育如果从属性上划分则属于群众体育，因此，社区体育可以将国家有关群众体育的相关政策作为指导。我国的群众体育自改革开放以来经历了40多年的时间，社区体育的发展也十分迅速，其中，社区体育工作之所以取得喜人的成绩，依靠的就是各个时期的社区体育法规和政策。社区体育工作获得成功，也让，居民的体育生活更加丰富多彩，居民的身体健康水平也得到提高。但是，这些政策和法规在制定和实施的过程中也存在一些问题。

1. 多部门缺乏协调

社区体育工作并不是单纯的体育事业发展，可以看成是一个复杂的系统工程，其中包含多方面工作和多部门协作，包括体育、城建、规划、教育、民政、信息等，社区体育工作的成功也是这些部门协调配合的结果。但是目前来看，社区体育政策一般都是体育部门来制定的，部门之间的协调工作并不到位，一些涉及社区体育发展的人力、物力和财力等并没有按照政策的规定得到落实。

2. 监督制度的不健全

社区体育工作的监督制度并不健全，并且没有制定出完善的考评办法，造成了居民和政府之间的信息沟通渠道不畅，进而让政府部门不能及时了解政策的执行与落实情况，居民的意见也不能传到政府部门的耳中，这其实也是因为政策的制定缺乏系统性、连续性和针对性，最终的效果也就不尽如人意。

3. 对政策理解不到位

政府制定的社区体育政策更加偏向于理论和原则性的指导意见，具体的方法和措施在政策上比较少体现，因此也就造成社区对政策理解不到位，社区实践水平不一。

4. 社区体育资源的配置有待完善

在目前的社区体育政策中，社区体育资源的配置更加强调政府部门的职责，并没有完全体现社会资源的重要性，没有相关的引入机制，因此并不能充分让社会资源为社区体育发展服务。

（二）发展方式方面

1. 缺乏资金保障

群众体育和人民群众息息相关，因此具有公共性质，属于政府公共服务的范畴，所以应该将群众体育的公共服务和资源配置也纳入各级政府的财政预算中。如果社区体育的建设缺乏经费的支持，也就难以构建起公共服务体系，没有资金支持就没有物质保证，也就难以支持群众体育的公共服务持续发展。

2. 社区体育服务体系建设滞后

社区居民开展健身活动和参与社区体育活动，涉及社区体育场地设施配置与管理、活动策划与组织、经费筹集与使用、健身指导与监控、信息沟通与反馈等诸多方面，是一个复杂的公共服务体系，需要政府部门、社区居民、社区管理者、体育和医务专家、社会组织、志愿者、企业等多方面的参与。目前，由于政府投入社区的体育资源有限，因此就没有形成社会资本投入社区体育的环境；没有形成体育志愿者的服务体系，没有建立起健全的激励机制，也就没有足够的人力资源参与到社区体育服务中去。总体来看，社区体育服务体系的建设滞后，自然造成了社区居民日益增长的多元化和多层次的体育需求与体育有效供给不足的矛盾，而且矛盾也在不断凸显。

社区体育涉及的各方面最为紧密的还是居民，因此社区体育是居民的体育，虽然我国的社区体育发展需要政府主导，而且这也是政府的职责，但是我国人口众多、社区庞大，政府将社区的体育建设事业全部承担起来是不现实的，政府的公共体育服务职能并不意味着政府可以包揽所有的居民体育活动，也不能解决社区体育中的所有具体的事务。在这种情况下，就需要引入社会力量构建社区体育社会服务体系，将社区的体育服务转化为社会化和市场化的运行，这样社区的体育建设才能顺利开展。因此，社区体育社会服务体系就成为社会体育发展的具有改革意义的举措，当然，在实践过程中还有很多理论和实践的问题需要具体分析和考虑探索。

3. 在宏观上缺乏长远规划和长效机制的设计

当前，我国的社区体育活动的形式和居民健身的活动方式一般属于社区居民的自发行为，因此就形成了社区体育发展缓慢的局面。虽然国家十分重视社区的建设，也将社区体育放到重要的位置，但是缺乏有力的顶层设计。在实际的工作中，工作的推行仍然不自觉将政府的行政权力作为推动社区体育发展的主要力量，社区体育工作也表现出行政化倾向和行政化驱动。

（三）资源共享方面

1. 社区体育资源配置与管理效率低下

当前，社区体育建设出现了体育资源的配置和居民实际体育健身活动的需求不相符的问题，与此同时，因为体育资源的利用率不高，甚至还出现了资源的浪费和资源匮乏并存的问题，造成这种现状的原因就是政府机构没有对社区居民的体育健身需求进行实时的考察，缺乏有效的数据支持，也就使政府不清楚居民的实际健身需求，资源配置出现了盲目性和无效性。当前，我国的社区体育资源配置中，政府是唯一的配置主体，但是政府的财力和精力是有限的，如果没有其他的社会主体介入辅助，那么社区的体育资源就会出现总量不足的问题。在这种情况下，学校、社会和企业的体育资源相对来说比较丰富，但是社区居民的体育资源匮乏，社区体育不能将其他的体育资源加以利用，也就缺乏了很多资源的来源，如果单纯依赖政府的公共体育资源是远远不够的。共享机制的缺乏也让居民对社区的体育资源的共享和利用产生了限制。

2. 社区体育服务体系建设滞后

根据社区居民日常生活的特点，除了老年人，人们在白天会在学校和工作的单位度过，所以，只有到了晚上或者节假日的时候这些人才会在社区进行健身活动。剩下的老年人不需要上班和上学，大部分活动的地点就是在自己居住的社区。因此，不同的群体都有自己的健身活动时间，所以社区的体育场馆和设施需要针对不同的人群采取不同的开放时间并选择适合的开放对象，满足不同群体的需求。但是目前为止，国内能够做到合理安排社区体育场馆管理的例子比较少，因此，要尽快实施错峰开放和分段服务的方案。

根据居民健身项目来看，青少年和青壮年对那些有对抗性和趣味性的球类项目感兴趣，其中有一部分人比较喜欢参与一些速度和力量型的健身活动；老年人身体状况不如年轻人，容易受到运动的伤害，因此广场舞、健身操、太极拳等一些团体性的健身活动比较适合他们，或者也可以在公园里参与一些强度比较小，动作也比较慢的活动。人群不同，对健身项目的需求也不同，在社区体育建设的过程中就要为不同的人群提供针对性的指导服务，但是目前来看，这项服务还达不到。

由于政府的财力不足，因此在社区的资源投入也是有限的；没有形成激励社会投入社区体育建设的政策，因此社会资本投入社区体育的环境没有形成；社区体育服务的激励机制没有健全，也就让社会参与社区体育服务的积极性降低。因此可以看出当前社区体育服务体系的建设滞后，没有办法满足各个群体的健身活动需求。

3. 社区体育信息服务网络平台不健全

社区居民在获取体育信息上具有滞后性，虽然现代信息技术十分发达，互联网的发展使得海量信息随时能够搜索到，但是正是因为信息太过庞杂，居民对信息的查询和搜索增加了复杂性，同时加上现代移动设备在使用上也有一定的局限性，在社区进行信息的宣传也是有一定的限制的。当前，大部分社区并没有建立专门的体育信息服务网站，居民如果想要获取体育信息就只能从街道、社区的综合网站上查询。在社区的体育信息管理中，大部分社区并没有设立专门的信息管理人员来对体育信息进行搜索、整理、发布与反馈，这样体育信息就处于一种无人管理的状态，也就不能及时传播和反馈体育信息了。同时，社区和社会体育组织、学校和相关体育企业也没有好好结合起来，没有建立起自跨部门的信息链接和共享机制，因此即使社区或者其他社会方面的体育信息十分丰富，也没有办法做到信息资源的共享。体育信息交流的渠道落后，导致了居民参与社区体育活动的积极性下降。

（四）设施建设方面

虽然现在政府和社会都意识到了社区体育建设的重要性，不断推动其发展，并且投入了大量的财力、人力和物力在社区的体育建设上，但是收效不是特别理想，这是因为我国的社区体育事业的发展实践上落后，并且基础条件比较差，没有足够宽敞的体育场地来供各种体育设施的摆放，同时对于体育器材设备的提供数量不足，并且功能也比较单一。另外，在社区公共体育场地的供应上，随着城市化进程的不断发展，缺乏足够的土地建设社区体育场地，这就无形地限制了社区体育的发展。

第三节　城市社区体育发展的原则与必要性

一、原则

（一）闲适原则

城市的生活节奏快、压力大，而社区就成为人们逃避紧张高压生活的避风港，人们可以在这片净土上找回闲适生活的状态。在社区的生活中，人们可以不用面对压力，也没有经济活动的功利，不用理会敷衍的社交。社区可以帮助人们远离生活的条条框框，远离各种纷争和干扰，是一个可以躲避危险和紧张的"社会机构"。在社区中人们可以得到教育、医疗等各种生活服务，当然，人们也可以在社区中奉献自己的力量来为他人服务，获得精神上的满足。

（二）人本原则

为实现社区体育的人文关怀，还要坚持以下人本原则。

1. 非强制性

社区体育建设的目的是让人们的社区生活更加丰富，因此都不带有任何的功利色彩，当然也没有强制性。在社区体育发展中，居民会自发组织各种运动协会，人们可以根据自己的需求和兴趣选择自己喜欢的项目参加，体现人性化和自由化。

2. 可选择性

社区体育活动在项目、内容、方式和参与的类型上都有很大的自由性和选择性，人们可以自主选择自己感兴趣的项目。

社区体育作为群众体育的主要组成部分，群众体育活动所具有的特征，社区体育也同样具有，因此，社区体育项目门类齐全，活动的内容十分丰富，并且拥有多变的活动方式。在体育活动中，像健身、娱乐和康复活动等运动形式是最适合在社区中开展的，社区为这些运动形式提供了空间和环境，各种运动为人们的生存发展和身体素质提供基础。社区体育活动给人们提供了多种类型的选择机会：个体根据自己的兴趣爱好，选择适合自己年龄阶段、身体条件的活动项目，包括竞技项目、民族传统体育项目、地方特色项目等；个体根据个人的偏好选择不同类型的体育参与形式，可以分为个人型、家庭型和集体型等；依照集体参与者的人群特征和数量等多种特点，并根据实际的场地、器材等状况，选定合适的项目标准；根据实际需要有选择地制定、商定、修改规则和规程。社区体育的可选择性让参与者更多根据自己的需要考虑选择的问题，这样个体在自由的氛围下可以更好地发展自己。

3. 高度的灵活性

社区体育的灵活性一般体现在社区体育的各个方面，包括组织形式、活动方式、经费来源、场地建设等。社区体育活动的管理采用群众体育管理体制，这种体制依靠体育行政部门的指导，组织的主体为居民委员会和基层体育组织，组织的形式主要是"条块结合""以块为主"，灵活多变，激发了参与者和组织者的积极性，体育参与者的需求得到了重视和满足。

社区体育活动具有多种形式，比如，有些活动就偏向日常的晨练，像功、操、拳、舞、剑等都属于晨练的项目，还有些活动充满定时性，具有竞赛性质，如社区喜欢举办的家庭趣味运动会、老年人长走比赛等。社区活动的宗旨就是趣味性、娱乐性和健身性。社区体育的组织活动经费来源十分广泛，包括行政拨款、单位集资、商家赞助、会员交纳报名费、体质测试和心理咨询收入等。社区的体育场地设施和大型体育场馆有很大的不同，社区的体育建设更加考虑实用性，同时也将人们健身的实际需求考虑在内。因此，社区的体育场地具有形式灵活的特点，很多场地都可以选用为体育场地，无论是公园、绿地还是空地和小径等。社区体育场地相比大型体育场馆更加贴近人们的日常生活，同时建设好社区体育场地需要将扰民等问题考虑在内，提高服务的质量。

社区体育是一种接近人性的体育种类，因此其发展和服务的理念要以人为本，这也是对体育人文精神的体现。

二、必要性

（一）社会转型的要求

1. 社区体育发展的重要性

随着改革开放的深入和扩大，社会的经济得到迅速发展，传统的单位体制已经不适应现代社会的发展模式，面临淘汰，人们开始从"单位人"向"社区人""社会人"转变。人们越来越依靠市场和社区，单位解决生活需求的时代也已经过去，人们在社区中的活动越来越频繁，社区成为人们日常活动的主要基地。作为人们生活的重要部分，体育活动的需求不断增长，因此，基层社区越来越有担负体育整合、体育服务和体育管理功能的责任，社区体育的发展势在必行。

市场经济不断发展，我们的经济类型也向着多元化的方向转变。更多的居民并不依赖单位生存，社区体育成为未来国民体质提高和健康管理的重要途径，这种情况下，社区必须进一步发展体育服务、健康管理乃至教育、培训功能。

城市居民的生活方式向着"小康型"方向发展，这就要求社区全方位发展，改善社区成员体育锻炼和健身的环境就是促进社区发展的主要途径之一。

社会主义精神文明建设的深入，迫切要求开展社区建设活动。社区体育有利于建立健康的生活方式；有利于建立社区文化；有利于建立共同意识；有利于建立良好的人际关系；有利于建立良好的道德作风，因此社区体育是实施社区精神文明建设的重要手段。

2. 社会转型对社区体育发展的影响

社区体育是社会转型的产物，因此必须要和社会转型相适应。社区体育的发展和社会转型有很大的联系，社会转型也会影响社区体育的发展。

社会组织系统转型，传统的社会形态是以行政隶属为主的纵向系统，今后逐渐向着以中介联盟为主的横向结构社会转化。这种转化可以形象地解释为由"条条"向"块块"的转变，这种转化使基层社会组织的自主性得到提高，区域性组织的重要性越来越明显。

社会管理体制转型，原本以政府包办为主的管理方式逐渐向着民间主办的形式转变，政府的管理也从微观向着宏观调控转变，这样地区就形成社会自治的形式，有利于社区体育组织的发展。

社会经济体制转型，原本的运行机制是以政治利益为主，正在逐渐向着需求满足为主转化，市场经济代替了原本的计划经济，社会服务成为社会生活的重要方式，因此社区体育服务逐渐加强。

社会生活结构转型，满足基本生活需求的生活方式已经发生改变，现代的生活方式更加追求质量和文化享受，也就是由"温饱型"向"小康型"生活的转变，休闲生活越来越成为人们追求的生活方式，这也为社区体育的开展创造了良好的条件。

总之，社区体育是社会转型的产物，适合社会发展的需求，代表社会体育发展的主流。

（二）人们健康观念的改变的要求

走进市场经济时代，举目看，侧耳听，在街头巷尾、在健身娱乐场所、在走亲访友的聚会中……无不谈论如何投资，如何消费的问题。投资效果和消费效果是大家关注的焦点。消费效果最佳、最有持续性、实效性的消费是绿色的体育健身消费，而在绿色体育健身方面的投资——健康投资，则是永不"贬值"的投资。绿色消费，花钱买健康已成为世界消费的新时尚，是21世纪人们消费的新观念、新理念。有人会问，为什么绿色体育消费的投资是最明智的投资，是永不"贬值"的投资呢？答案当然是因为绿色体育消费的真谛是获得健康，而健康才是人最珍贵的财富。

健康是人们的理想和追求，要想有一个健康的身体和健康的人生，就需要通过体育锻炼、体育活动和体育养生来促进实现。首先，体育具有促进生理健康的功能，因此人们适度地进行体育活动可以给身体带来很多好处，帮助大脑供血和供氧，体育运动能促进大脑进入兴奋状态，这样也有利于中枢神经系统工作效率的提高；促进人体骨骼、肌肉的成长发育；促使脏器构造的改善和机能的提高。其次，在心理健康方面，体育运动也有重要的作用，人们适当地进行体育锻炼可以调节心理状态的平衡，让人们充满生机和活力。再次，人们的思想和意识品质可以通过体育锻炼来提高，不同的人群都可以在体育项目中找到适合自己的锻炼内容，体育锻炼可以促进人们真、善、美的美好品质养成，实现人格的自我完善。最后，体育锻炼帮助人们提升适应外界环境的能力。

（三）人们生活方式的改变的要求

我国的社区体育发展的背景是经济建设为中心的战略进行转移的过程。我们也可以看到，世界各个发达国家中的社区体育发展也是在其经济高速发展的时期进入了高潮期。那么，为什么社区体育的发展必须以经济高速增长为条件呢？其实主要是生活方式的转变引起的。

1. 生活方式及现代生活方式的发展趋势

生活方式是人们在客观条件的制约下，生活活动的典型和总体特征，是社会整体结构及其运行状况具体的反映形式。一般一提到生活方式人们大多联想到的是物质消费活动和闲暇时间活动的方式。但其实这两项内容只是生活方式中的两种，生活方式包括人们社会生活的所有领域的全部活动，比如人的精神活动、社会生活等都属于生活方式。

生活方式对社会生活的各个方面都会产生重大影响，包括社会生产、社会服务、家庭生活、人际交往、社会风气等。生活方式不同，物质文化的需求和消费方式也会产生不同。不同的生活方式对衣食住行的要求会产生不同的标准，甚至还会影响人们的审美观念，另外，不同的生活方式也会影响生活起居的规律，可以说影响社会生活的方方面面。在20世纪这短短的一百年历史中，人类所创造的奇迹甚至比之前几千年的总和还要多。人类实现了原本想都不敢想的愿望，甚至奔向宇宙，冲出了地球。

2. 现代生活中的五大杀手

随着科学技术的飞速发展，人们的生活方式也随之改变，人们的生活越来越方便，但是事物都有两面性，高速发展的科技也使人们付出沉重的代价。现代生活中产生了五大"杀手"："灰色健康""营养过剩""运动不足""机能退化""高度紧张"。这些"杀手"正在不断威胁人们的健康生活。

（1）灰色健康

现代生活造就了一个灰色健康群体，亦称亚健康群体。其症状是：食欲不振、疲乏无力、失眠多梦、烦躁、易发怒、健忘、胸闷、头疼、感觉迟钝、注意力不集中、记忆力下降、消极悲观、情绪低沉、犹豫不决、偏执等等。现代生活综合征、双休日综合征、空调综合征等形形色色的与现代生活有关的病症都属于此列。这个亚健康的人群在现代化城市中有逐年增加的趋势，在总人口中的比例日趋升高。

这个庞大的人群不可能涌进医疗机构，他们只有寻求一种最积极、最有效、最方便的手段才能改善亚健康状态——参与社区体育活动。

（2）营养过剩

"营养过剩"的原因不仅仅是膳食结构改善，新科学技术的不断发展和应用也使现代人的运动量比上一代人减少三分之一，运动不足是导致肥胖等疾患的根本原因。随着科学技术的高速发展，生活中一只只遥控器使人变得日趋懒惰，肢体不勤，先进的科技手段改变了我们的行为方式，乃至生活方式，然而也从反面提醒我们要关注自己的身体活动。

人和其他动物的不同之处在于人会创造和使用工具。人类的科技进步其本质就是工具演变发展的历史。人类的工具发展主要经历了手工工具—复合工具—动力机—自动控制系统几个阶段，人的劳动方式也就随之发生转变，形成体力型、半体力型与智力型转变的发展过程。在最早期，也就是低机械化时代，人的劳动体力支出和脑力支出的比例是9∶1，之后发展到中等机械化时代，人的劳动体力支出和脑力支出的比例就变为6∶4，自动化时代和低机械化时代正相反是1∶9。

（3）运动不足

现代社会，机器逐渐替代了大量人工的工作，人们在工作上不需要花费过多的力气就能得到良好的结果，因此人们的运动能力也在不断衰弱。随着机器的替代作用凸显，人们也在逐渐丧失很多生产技能和生活技能，一些生产生活必备的素质比如协调、灵敏、力量、平衡、对外界的适应能力等也在逐渐退化。人们与大自然的关系越来越疏远，野外生存能力和运动能力大为降低。运动能力的低下直接导致生理和心理的损伤。

随着工业化时代逐渐结束，人们进入了信息化的时代，其中各种传统的理念也随着实践发生改变，"机器比人重要，经济目标比人的需要重要"的哲学观念已经不适应现代社会的发展，价值观产生巨大转变，人们要重新审视"以人为本"的思想理念，转变生活模式，新的生活模式中体育运动的地位越来越显著。

（4）机能退化

随着信息化时代的到来，办公室电脑办公已经是现代社会工作的主要方式，长时间的伏案工作会给身体造成很多伤害，不正确的坐姿会造成"运动不足""肌肉饥饿"，对人的身体健康造成影响，这已经发展成为一种社会问题。学者认为人们坐着工作会对身体的新陈代谢产生深刻的影响，这也是造成身体新陈代谢失调的原因。另外，现代社会，人们所吃的食物一般都是经过多道工序精加工而成的，这种精加工的食物让人的牙齿不适应坚固的东西，也容易造成损害；夏天和冬天都可以使用空调调节室内温度，人们越来越不能适应大自然的本来温度。人的总体适应能力不断下降。

难怪人们感叹，当初之所以造物主没有用机器造人，而是用最易得的自然资源去造就人，就是要保留人的自然属性。人永远是自然的儿子，人永远不能背叛大自然，科学发达不能以牺牲人的体能为代价。现如今，到户外去，回归自然，找回人的本原，已经成为时尚。同时体育参与也是现代人内心深处的一种需求，一种基于人类发展的需要。

（5）高度紧张

现代生活的最后一个"杀手"就是紧张。生活节奏日益加快，竞争也越来越激烈，为了不被社会所淘汰，人们需要付出很大的代价才能跟上社会的发展步伐，其中牺牲的就有健康。首先，紧张产生的第一个重要原因是生产劳动方式的影响。在最原始的体力劳动时期，劳动强度是造成劳动者疲劳的主要方面，这种身体的疲劳是全身性的；之后伴随着机械化时代到来，劳动的密度加大，这个时期的生产是分工形式的，因此人们劳动一般也只是局部疲劳，部位从四肢转向大脑；信息化时代，疲劳的影响进入到高级神经系统，为劳动者的伤害带来更加深刻的影响。

另外，社会关系的错综复杂和社会生活状态的变化也会引发人们的紧张。社会生活会给人带来各种压力，人生中会遇到的比如子女入学或事业、婚姻、习惯的改变，家人生病、死亡，夫妻吵架、离异，以及调职、辞职等各种状况，这些生活的压力会让人精神紧绷，形成紧张的情绪，紧张的情绪又会引发各种身体上的疾病和心理上的疾病。紧张会造成人的心理失调，具体表现为焦虑、抑郁、狂躁、自卑和妄想等五个方面。

社会生活是造成心理失调的主要原因，首先，现代生活的内容越来越多变和丰富，生活的空间也变得更加丰富，节奏也在不断加快；其次，科技的发展促使人的高情感开始退化，这种高情感的退化也会造成各种心理上的问题，并且问题越来越普遍，越来越严重，直至发展成社会问题。为了解决心理和身体的危机，人们可以将生活的一部分时间放到体育运动上。体育活动作为人类不可缺少的一部分，可以帮助我们恢复作为人的本质，并且将人的价值重新体现出来，是一种人性的解放。人们要适度参加各种体育活动，就更加容易获得愉快、自由的心态，同时也可以帮助人们提升智力和认识能力，用更加积极、轻松的心态面对自己、他人和社会，更好地和大自然产生沟通和交流，健全人的体魄和人格，帮助人们体验幸福的人生。因此，体育生活方式是社区居民的必然选择。

3. 与体育有关的生活方式要素

与体育有关的生活方式的要素，包括人们的行为习惯、余暇时间和生活消费。我们透过对这三个要素的分析，来看一看发展社区体育的重要意义。

（1）行为习惯

人的行为习惯能够对个体参与体育产生明显的影响。如果人的行为习惯是良好的，有规律、健康的，那么个体的身体也大概率是健康的，健康的身体促使人们更加乐于参与体育活动。但是如果人的行为习惯是不良的，有碍身体健康，也会抑制人们参与体育活动的积极性。我国有很多人都养成了不良的生活和行为习惯，尤其是抽烟的问题十分严重，已经成为影响个国民健康的一大杀手。要将这些不良的习惯矫正的方法有很多，体育锻炼是最为健康和有效果的手段，因为体育锻炼更加直接、更加经济，也更加容易被人接受。

人们的体育习惯应在学校教育阶段逐步形成，但是，由于至今我国学校体育教育和社会体育没有很好地相互衔接，一方面导致在校学生在生活的社区中没有能够很好地参与体育活动；另一方面，有很多的人在离开学校后就放弃了体育活动。社区体育作为学校体育与社会体育的桥梁，作为实现终身体育的最佳途径，对人们行为习惯的改善和体育参与习惯的培养起着重要的作用。因为，社区体育的特点就是与生活紧密联系，最容易形成习惯，最容易持之以恒，从而成为一种生活方式。

（2）余暇时间

现代的科学技术不断发展，计算机技术也已经普及到更广泛的领域，人们只需要使用一台电脑就可以完成所有的工作，不用再做过去那些繁重的体力劳动，也有了越来越多的闲暇时间。我们平时说的闲暇时间主要包含三方面，一个是生理必要的时间，比如睡觉、吃饭、洗漱等；一个是外出移动的时间，比如外出购物、上下班的途中；最后有一个就是"可以自由支配"的自由时间。

（3）生活消费

随着人们生活水平的提高，消费水平也得以提高，消费结构和消费心理也发生了改变。随着我国经济的快速发展，居民在衣食住行、文化娱乐、教育、体育等方面的消费也在不断地提高。但是，体育消费在消费结构中的地位不仅取决于消费水平，而且还与人们的体育价值观念有关。体育用品消费也与人们的收入水平、文化程度、对体育运动的认识程度以及是否积极参加体育活动等许多因素有关。许多调查结果表明，不同收入、不同文化程度的家庭体育用品消费比例也有所不同。收入越高的家庭，体育用品消费所占的比重越大；文化程度越高的家庭，体育用品消费支出越高。

社区体育的发展和人的生活质量关系密切。社区体育产业的经营能够为人们生活提供多方面资源和机会，人们也可以依靠社区体育养成终身体育的习惯，形成良好的生活方式。发展社区体育就包括社区体育产业的经营。

在社区的居民生活中，参与体育活动是不可缺少的，在人们的生活方式中，"社会参与"十分关键。人们进行社会参与最有效、最简单也最廉价的方式就是体育活动。体育活动可以帮助人们培育自己的社会价值观，因为在体育活动中，人们要学会尊重，既要尊重自己也要尊重他人，学会诚实待人，这样才能在体育活动中获得更多收获和快乐。依靠体育活动发展人体机能，也能使人保持较高水平的精神状态，这也体现了人的本质。体育活动属于一种文化活动，充满了活力。体育活动能让人们养成乐观的精神，同时也鼓励人们敢于拼搏，富有责任感和正义感，也让人更加渴望成功，勇于超越自己，形成敢为人先的竞争意识。体育活动中都有活动的规则和要求，这也就促使人们形成遵守规则和技术要求，排斥谎言和虚伪的心态，体育可以说是一种宣传"真理和公平"的最好范例。

体育是一种人类平衡的工具，是一种形成社会凝聚力、社会一致性的手段，体育是一种善度余暇的理想方式，它可以给家庭带来融洽与幸福。因此，体育参与是现代社区成员——社区人的必然要求。

第四节　城市社区体育发展的基本路径

一、优化社区体育指导员队伍建设

（一）增加社区体育健身指导员总量

社区体育工作能够取得全面的提升最为关键的是人力资源。政府为推动社区体育的发展，需要尽快制定推出体育人才跨界服务的政策，将跨界到社区体育服务的人才的积极性调动起来，最终实现体育人力资源的共享。在同一个行政区域的社区之间或者不同行政区域的社区之间实行体育人才和管理者的跨界岗位学习交流机制，同时也要完善社区体育指导员岗位机制、社会体育俱乐部教练共享机制、体育志愿者（体育专业学生、教师、运动员）服务社区机制等。加大对社区体育的宣传力度，利用电视网络或者各种媒体鼓励居民参与社区志愿服务，让社会各界人士增强对社区跨界服务的积极性，并且针对优秀的人才和服务与管理人员予以奖励，设立专项的奖励基金，形成各界人力资源跨界服务社区体育的模式。

（二）提升社区体育健身指导员质量

近10年来，随着我国群众体育的快速发展，社会体育指导员队伍也在不断壮大，总数在快速增加，但从质量上看，还是不尽如人意，社会体育指导员的健身指导并不能满足广大群众日益增长的健身指导需求，因此，需要建立长期的培训机制。首先，从国家到地方各级体育行政机构，应将社区体育指导员培训工作常态化，建立国家、省、市、县四级培训基地，规定现有的社会指导员每年至少接受一次集中培训，提升其业务能力和学习新的技能。其次，建议在体育院校设置社会体育指导员专业，专门培养全民健身需要的社会体育指导员。最后，鼓励民间体育传承人、社会体育达人、体育爱好者通过培训获得社会体育指导员等级资格。

（三）成立社区体育健身指导员委员会

从我国社区体育发展的需要出发，由各级政府体育行政部门主导成立的社会体育指导员协会，将社区体育指导员纳入各级协会进行统一管理。成立由社区行政管理部门——街道管理委员会主导,居民委员会负责,各种体育组织广泛参与的社区体育健身指导委员会。将社会体育指导员、社区体育工作者纳入政府行政人员编制,建立覆盖城乡社区的健身指导员网络体系。

二、优化社区体育设施建设

(一)改革社区体育管理体制

在当前社会全面转型背景下,我国社区管理体制还处于相对封闭的状态,这是造成社区体育资源配置效率低下、资源利用率不高、资源共享程度低下等问题的根源。社区体育资源的管理改革首先就要从解决社区管理体制入手。在改革的过程中,政府占据主导地位,地方政府要努力实现各方面的体育资源共享,社区与学校、企业之间都可以进行健身场地和器材等方面的共享,比如说出台一些"学校运动场地设施向居民开放奖励政策""单位运动场地设施向居民开放补贴政策""企业、组织运动场地设施向居民开放税收优惠政策"等,将体育资源向广大的居民开放,让更多的居民能够使用上共享的体育资源。另外,大型公共体育场馆在规划建设的时候需要政府考虑场馆的功能,场馆建设的主要用途是为广大人民服务,首要就是要考虑居民的真正需求,因此需要将场馆建设在社区内,并且尽量使其体现公益性质,以免费或者低收费的形式向居民开放。

(二)加强体育资源配置改革

我国现在实行的是社会主义市场经济,政府的功能是宏观调控,因此,社区的体育资源配置就需要政府客观把控,政府作为主导,要根据社区体育的建设情况出台相应的激励政策,让更多的企业、单位和个人等投入社区的体育资源建设,形成社区体育资源多元供给体系。

1.资金筹措渠道方面

我国社区体育的资金来源渠道主要是行政拨款,这也是根据我国的社会经济发展现状来决定的,政府对社区资金的支持不仅是在数额上增加支出,还要在经费的支出结构上进行配置,专门为社区体育的发展设立专项经费,同时将社区体育发展的资金比例提高。另外,除了政府的行政拨款,社会资金的吸纳也是必要的资金来源,社区行政组织可以通过赞助和冠名的形式吸引更多的社会组织和企业来对社区体育建设注资，逐渐形成由政府拨款为主到政府、企业、社会和个人联合融资的形式转变。

2. 信息服务网络平台建设方面

社区体育建设中需要建立信息服务网络平台为居民提供更多服务，居民可以通过信息网络平台得到更多的社区体育信息。信息服务网络平台的建立是以社区为单位的，为了维护和保障网站的正常运行，需要安排专职的人员管理；要建立社区体育信息沟通网络，将社区体育服务的人力资源范围扩大，引进各种体育组织、专家团、服务志愿者团等，让社区的体育服务信息更加专业，来源更加广泛；建立社区管理工作站和通信、互联网、广播电视等企业的合作机制，要善于采用现代的新媒体技术，建立起更加综合、全面的社区体育信息服务系统。

3. 资源配置与管理方面

社区体育资源的配置和管理方面，要将多种方式结合起来，管理者可以运用访谈、问卷和网上调查等各种方式，将居民的意见和建议了解全面，尤其是一些关键问题诸如"社区有多少体育资源""居民有怎样的需求""如何高效率地利用资源"等一定要明确。要先将现有的资源整合起来，再根据居民的实际需求优先将这批资源安排到最需求的地方。针对管理人员队伍建设方面，要建立起人事部门、体育部门和街道社区居委会联合培养机制，同时要针对相关管理人员的管理完善好规章制度的约束，同时也要对管理人员加强业务培训，提升管理人员的管理水平。

三、优化社区体育场地器材管理

社会体育活动的开展，离不开对社区体育场地器材的管理。只有对社区体育场地器材做到情况明、底数清、抓管理、重效果，并争取到足够的资金来源，才能使社会体育的发展得到可靠保障。在此提出以下几条主要管理措施。

（一）抓摸底建档

对社区体育场地器材进行摸底建档，就是在对其进行全面调查的基础上，绘制出一份场地图来。场地图的内容包括场地方位、场地种类、场地面积、建造时间、器材分布及其规格、质量等，应全部用平面图表标出，并把投资、历史、现实等情况记载下来。在此基础之上登记造册，建立较为完善的关于社区体育场地器材的资料。如果能这样年复一年地抓摸底建档，就会及时掌握社区体育场地器材的建设、维修与变化情况，便于统一管理；若出现问题也能及时解决，确保了场地器材使用的稳定性和长期性，从而进一步提高了它们的使用效率。

（二）抓管理制度

这主要包括：对登记在册的社区体育场地器材的资料每三年进行一次补充完善；每年开展一次对社区体育场地器材管理情况的检查与评比，通过召开现场会、评选奖励先进等方式促进管理水平不断提高；对管理社区体育场地器材的人员定期加以培训；在每月月初确定当月需要维修的社区体育场地器材，并在月末对维修情况加以检查等。

（三）建立专项专管机制

这些工作主要有：负责场地的日常维护与保养，保持场地内的环境卫生；负责场地的环境美化，包括场地绿化、装饰及草坪场地的管理养护等工作；负责各类社区体育运动会的场地工作，它包括赛前的划线、平整场地，赛后的清理场地等工作；维护与保养社区体育器材等。

四、政策方面

（一）提供扶持政策

国家社科基金"九五"规划重点项目《城市社区发展国际比较研究》认为：我国社区管理组织的理想模式，是采用政府参与的纵向管理组织体系与横向的社区居民自治管理组织同步与协调发展的纵横相接的社区管理组织模式。

目前我国以街道行政区域作为社区建设的操作层必然要向居民自治组织发展，要大力培育和发展社区非营利性体育组织，日本等国家社区体育的发展中俱乐部的巨大作用为此提供了佐证。我国由于长期形成的计划性体育体制，国家和政府将所有的体育资源都收拢旗下，并且一切有关群众体育的工作也都要靠政府来管辖，这种情况下，非营利的体育组织也就发育不起来，也导致社会机制不健全。因此，我国在接下来的社区体育改革中应该在立法中多出台一些减免税收的优惠政策，激励更多的个体、组织和社会企业单位投入到成立社区中的非营利性体育组织中，这些组织帮助政府解决社区体育建设的各种问题，参与承担社区体育的组织和管理工作，同时也可以创造出更多的就业机会。

（二）立法建议

目前我国还需要更多的配套设施。应将体育场地设施建设作为保障，其中最主要是要落实中小学体育场地的开放。我国地区发展不平衡，情况千差万别，因此社区体育的发展很难一法蔽之，而需要依赖于地方立法。譬如目前关于城建居民小区体育场地设施配套建设无法统一规定，但很多地方根据当地实际情况，有关立法都已经出台，如《深圳经济特区全民健身若干规定》《厦门市体育设施建设和保护规定》《北京市人民政府关于新建改建居住区公共服务设施配套建设实行指标管理的通知》。

第五节 城市社区体育资源的管理与开发

一、社区体育资源概述

（一）相关概念

1. 公共资源

公共资源属于自然资源，这类资源产权界定不明晰，在使用上具有非排他性，可以参与共享，因此也可以称为共享资源、共同财产资源、非独占性资源、开放式资源和非管理性资源等。公共资源受到历史、社会习俗以及本身的特性限制，在社会使用中公共资源不会受到限制，比如说江河中的水资源、修筑的公路、大自然的空气等，这些资源是不受限制的，每个人都可以无限制、自由地使用，当然，江河湖海里的水产品或者山中生长的野生动植物也属于公共资源，可以供人们依法获取。公共资源也会对社会生产和生活带来影响，可以作为一种环境因素。比如如果附近的河流或者湖泊等水体在颜色上产生变化，或者散发出难闻的气味，或者在水面上堆积、漂浮着垃圾等，人们在视觉和嗅觉上感受到就会产生厌恶的反应，这些水资源如果还是人们的饮用水来源，就很有可能影响人们的身体健康，所以说这些水体资源决定着人们的生活环境质量。人们生活在地球上，大自然会向人们提供赖以生存的空气、食物以及生存的空间，与此同时这些资源经过人等生物的使用还会产生废气、废物等。所以，环境是人们生活和生产的不可缺少的要素，环境就是一种公共资源。环境可以供人们生存和生产利用，同时人们经过生存和生产又会形成新的环境，公共资源和环境是密不可分的关系。

公共资源的基本特征有以下几点。

（1）资源的共享性

无论是单位和个人，只要有一定的能力和意愿就可以利用这种资源，并且是不受限制的。比如国际公海中的渔业资源、南极大陆的自然资源以及宇宙空间的资源，因为这些资源是无主的，所以任何国家和组织、个人都可以使用。

（2）供给的不可分性

一些公共资源依据现在的技术能力不能被分割，也就不能分开给人们使用，比如清洁的空气是不能分割开的，每个人都要在同一个空间下呼吸；另外有一些资源可能用先进的技术能够做到分割的效果，但是因为分割的技术所需要的成本太高，或者有些资源被分割后会使得原本的功能性降低，因此这些资源也就不必要分割，比如大自然里一些优美的风景，这些风景如果按照使用者的情况分割出去，就破坏了环境的完整性，风景的观赏价值必然降低；还有些公共资源虽然可以做到限制一部分人的使用，但是很可能会违反帕累托最优原则，所以是不应该的也是不必要的。

（3）外部性问题及拥挤性

首先，公共资源如果产生外部性，就会造成破坏和污染，通俗来说就是一种资源如果一个人使用了会对他人造成影响。比如说一部分人将一处水资源据为己有，不允许他人使用；一处雪山如果用作滑雪场地的建设就会影响他人对这处雪景的欣赏；工厂将生产的工业废水、废气排出会引起大气和水资源的污染。公共资源的开发和利用是有一定限制的，如果超过了资源的承受能力就会对使用者之间产生干扰和排斥的情况，让其他的成员承担自己破坏的代价，形成外部效果或者外部性。其次，公共资源被过度使用会造成拥挤。公共资源在一定的时期内所提供的服务不是没有限制的，有些资源甚至在总量上是有限的，如果大量的使用者同时涌入开发使用，就会使得公共资源出现一定程度上的拥挤，造成一定的损害。

（4）管理的必要性

公共资源利用中使用者对资源的过度使用让公共资源产生外部性，这种情况是不进入单位和个人的决策模型的，如果不加以管理制止，就会使资源的利用效率超出社会最优水平，造成公共资源的过度开发利用，资源在这种情况下很快会遭到破坏。

2. 体育资源

体育项目的顺利实施和完成一般都是有特定的条件的，并且有自己专门的完成场地，这些条件和场地就是体育的自然资源。体育是人类独有的人体行为，因此创造体育、时间体育、学习体育和传播体育都是只有人类才能完成，并且这些实践需要在一定的社会环境中才能做到，因此可以说，社会资源是体育产生的必要条件。人类体育活动的资源就是自然资源和社会资源的结合。

体育资源是资源体系的一部分，它的概念界定其实和旅游资源或者政治资源相同，体育的形成和发展是以体育资源为基础的。对体育资源的定义一直没有明确下来，体育资源的研究就是从1990年开始的，有一些研究提到了"体育资源"这个词汇，并且在之后的研究中也多次提到，但是并没有给这一概念给出完整详细的解释和说明。对"体育资源"这一概念的界定，学术界主要有这几种见解。

第一种，一些有利于人们增强体质，提高运动技能水平的社会资源和自然条件，其潜在拥有状况就是体育资源。因此，体育资源主要包含两部分内容：自然资源，比如地理环境或者气候条件资源；社会资源，比如科技、教育、物质、传统等。

第二种，体育资源就是人们从事体育生产或体育活动所利用或可资利用的各类条件及要素。体育资源从内容上划分可以分为有形的物质资源和无形的非物质资源。

第三种，体育资源指的是一个社会用于体育活动，以扩大参与体育活动的人口和提高竞技运动水平而在物质、资本、人力、时间、信息等方面的投入。

根据上述几项对体育资源概念的界定见解，我们可以总结出体育资源就是人们从事体育生产或体育活动所利用或可利用的各类条件及要素。不同角度有不同的解释，从内容角度，体育资源可以包含有形的物质资源和无形的非物质资源；从范围角度，体育资源不仅涉及体育产业的资源，也包含其他产业的资源，体育资源包含了自然资源和社会资源两类。

3. 公共体育资源

学术界对公共体育资源的概念持有不同的观点。有些学者认为公共体育资源指的是用来进行体育事业社会管理和公共服务的人力、物力和财力以及信息等各种要素的总称，公共体育资源具有公共物品性质，并且被政府管控主导。还有些学者认为公共体育是公共体育资源的上位概念，虽然"公共体育"这个概念比较少出现，但是由此衍生出来的"公共体育场馆""公共体育设施"等概念却得到广泛应用。公共体育资源的界定也包括有形资源和无形资源。

4. 社区体育资源

目前，我国对社区体育资源的概念界定的基础是体育资源，社区体育资源是对体育资源的概念延伸。体育资源的概念在多角度的研究后也有很多界定的角度，但是学术界尚未达成共识。体育资源的研究基础上学术界又提出了社区体育资源的概念。针对社区体育资源的界定，有的学者认为一些能满足社区居民体育活动所需的物质和非物质的要素就是社区体育资源。还有些学者认为社区体育资源是社区中存在的、可以被社区的体育人群利用的财富总和。

（二）影响因素

建立资源共享机制，首先要明确影响资源共享的因素。从经济学的角度看，影响资源共享的主要因素一般包括：资源拥有者（管理者）的内在动力、资源共享环境和资源共享目标。

1. 资源拥有者的内在动力

从经济学的角度看，资源拥有者（使用权管理者）是否选择与其他人共享资源，主要取决于共享成本与收益。如果他认为专有使用资源比共享该资源获益更大时，那么，他可能反对共享；反之，就会寻求有效的共享途径。

2. 资源共享环境

从资源使用的角度看，资源共享环境主要包括政策资源环境、设备资源环境、信息资源平台环境和资源使用环境。其中，政策资源环境是实现资源共享的根本保证，设备资源环境是资源共享的基础，信息资源平台环境是资源共享的途径，资源使用环境是资源共享的基本条件。

(1)政策资源环境

政策资源环境是指为实现资源共享的目标而制定的一系列政策、法规和制度。就社区体育而言，就是国家和地方政府出台的社区体育发展政策、法规，社区体育资源建设规划、使用制度、管理规定等。政策资源环境，从法律的层面规定了居民参与体育活动的权利、政府提供基本公共体育服务的义务和社区体育发展的资金保障、社会体育组织（企业）和个人参与社区体育发展的方式和途径，从社会发展和国家需要的角度为社区体育发展指明了方向，明确了方式和方法，构建了和谐、高效、持续的社区体育良好发展环境。改革开放40多年来，我国社区体育飞速发展，取得了瞩目的成绩，其中起决定性作用的是国家和地方政府在不同时期及时出台的与社区体育发展需要相适应的法规、政策。

(2)设备资源环境

设备资源环境是指资源共享的硬件设施，包括设施的数量、质量和分布等各种情况。社区体育的设备资源自然是分布陈设在社区中的，因此这种设备的资源环境就涉及到社区的体育场馆数量与面积、器材数量与质量、健身项目布局与结构等。这些环境资源的情况能对居民参与社区体育活动的积极性产生直接影响，居民有多少人参与体育活动、居民的健身效果等都受到设备资源环境的影响，其本身也是社区体育资源实现共享的基础，所以，政府、社会和体育相关企业、单位要将这一方面当作发展社区体育的重点。社区体育建设在近几年得到了国家和政府的大力支持，注入了大量的资金以供建设，同时采用市场的方式激励、引导更多的社会资本投入社区体育设施建设，从而使得我国的社区体育得到快速发展。

(3)信息资源平台环境

信息资源平台环境是社区体育健身服务网络系统，构建的基础就是互联网的应用，当然要根据社区居民体育建设的需求来构建的。信息资源平台的环境包括网络平台的设计与维护、信息的更新与反馈、交流互动与服务。社区的居民不但可以利用平台学习了解体育健身知识，也可以对国家的体育方针政策进行实时了解，对社区的体育服务现状进行熟悉，从而将自己的健身计划安排得更加合理，并且居民也可以通过平台的交流版块相互交流学习健身经验，也可以提出自己对社区体育服务的建议，以及在平台上共享各种资源和信息。当前，社区居民健身的网站、App、微信群等十分丰富，居民有更多的渠道获取健身的信息，实现了社区体育资源的共享。

（4）资源使用环境

资源使用环境是指资源使用过程中的主、客观条件。包括社区体育健身的氛围、场馆设施的环保状况、场馆设施使用的便捷程度、人性化的健身指导服务、科学合理高效的管理方式。资源使用环境，直接影响着全民健身活动的积极性和健身效果，决定着社区体育资源的使用效率和共享效率。

3. 资源共享目标

从经济学角度看，资源共享目标是指资源共享主体之间达成的资源共同使用所带来的利益分配。从社会学的角度看，资源共享的目标是实现资源的高效利用，用最少的资源实现社会整体利益的最大化。就社区体育资源共享而言，政府可以通过资源共享达到社区、学校、企业、社会组织与个人的体育资源有机整合，实现区域内体育资源利用效率最大化，进而达到全面提升人们的体质健康水平，促进社会和谐发展，实现人们美好幸福生活的目标。社区通过资源共享，能够有效提高体育资源的使用效率，提升社区体育服务水平，实现居民人人享有体育健身的权利、机会和条件，丰富社区居民体育文化生活的目标。学校可以通过与社区体育资源共享，达到服务社会、宣传学校、利用社区教育资源的目的，从而实现提升学校社会地位、扩大教育资源、与社会高度融合、全方位育人的目标。企业可以通过为社区提供体育资源共享，达到树立企业形象、提升企业利润、宣传企业文化的目的，实现企业可持续发展的目标。社会组织和个人通过为社区提供体育资源共享，可以实现提升自身声誉、实现自身社会价值的目的。因此，从资源共享的目标来看，社区体育资源的管理者和拥有者，都可以通过资源共享，获得经济的或社会的巨大效益。

社区体育发展的理想目标就是实现社区体育资源的共享，但是我们也要认识到，实现社区体育资源的共享也是有一些影响的，需要付出一些代价。社区的体育资源如果实现共享，参与社区体育活动的学校、企业和组织中的人数会不断增加，并且范围也会扩大，相应的资源的维护成本也会提升，如果资源共享后的益处跟不上共享成本的增长，资源共享就会被抵制。为了杜绝这种情况的发生，要对社区体育资源的共享进行科学的监控和管理，制定实施制度和政策进行约束协调，优化社区体育资源共享的体系。

二、社区体育资源合理配置

（一）目标

1. 人道目标

"人道目标"指的是对世界的每一个生命都要持平等的眼光，善待每一个生命，并且让每一种生命都能成为完整的生命。在这种基础上对每个人都能平等善待，让人们成为真正的人，也要让自己成为完整的人。根据这一概念，我们对人道社会的理解可以解释为把生命当生命看并使生命成为生命、把人当人看并使人成为人、把自己当人看并使自己成为人的社会。

体育具有全民性和公益性，因此，体育资源的配置也要遵守公平性的原则，各方的需求都要了解和兼顾，体育资源的配置一定要向着公平、协调发展，任何一个居民都能平等享受到国家改革发展的成果。因此，社区公共体育资源的配置要使每个居民都享有体育的权利。

2. 价值目标

城市社区公共体育资源的配置要注意多方面的内容，除了确保分配的公平、公正，还要注意最大限度地发挥出资源的效率，使得资源的使用价值发挥得以提高，从而能够更好地满足居民强身健体的需求。在社区公共体育资源的配置过程中，最能体现政府权力的表现形式、最为直接的就是体育资源的分配活动了。体育资源的分配必然要体现出公平、公正和公开的特性。但是在现实生活中，人们将社区体育资源的分配活动看成是政府的强制力工作，认为政府会根据资源分配的情况制定相关的法律法规，是一种彰显政府公权力的一种强制分配行为。人们只看到了政府在资源配置中的主导、管控作用，忽略了体育资源分配的社会监督，这种看法会让人们只会看到资源分配中的"效率"的价值目标，忽略了"公正"的目标价值。要将这种落后的理念更新，就需要重新认识体育资源的分配工作，使得"公正"这个价值目标更加凸显出来，坚持"公平和效率相统一"，这也是体育资源真正追求的价值目标，有着很重要的理论依据和现实意义。将这种理念作为体育资源分配的基础才能确保社区公共体育资源有一个正确的价值取向。

3. 责任目标

责任目标的明确是确保城市社区公共体育资源优化配置的重要起点。城市社区公共体育依赖社区公共体育资源配置来发展和生存，政府也将社区公共体育资源的调配作为工作的重点和中心。在现代社会，伴随着城市人口大量增加，使得城市资源面临匮乏，因此更加需要将社区公共体育资源的管理水平加以提高。需要实行责任目标成本管理来适应城市的发展状况，也可以提高省市社区公共体育的社会效益，促使城市社区体育不断发展壮大。城市社区公共体育资源配置的责任目标分为三步：首先坚持"方案先行，责任先划，指标先定，合同先立"的工作原则，制定科学合理的责任目标；其次建立并实施好"干前预算，干中核算，边干边算，干后结算"全方位、全过程的成本资源责任目标控制流程；最后真正落实责任目标与城市居民个人切身利益紧密结合起来的激励约束制度。

（二）原则

1. 保障公民权利，推崇普惠性原则

社区公共体育资源属于公共资源，不属于任何组织或个人，是全体社会成员的共同财产，所以不会允许任何个人和组织独占。对公共资源的使用也是人的权利的一部分。社区公共体育资源与人的权利有直接的关系，首先，社区公共体育资源的公共属性反映人权内涵；其次，资源的使用效用影响着社区公民的人权实现现状。总地来说，社区公共资源配置关乎公民人权的实现问题。

在资源配置能够体现公平的基础上，每一位社区公民都能享受到经济社会和体育发展的成果。社区公共体育的普惠性就是要为社区居民提供充足的设施和场地，也包含参与使用的机会。要确保每一位公民的权利，为居民提供适合的体育锻炼资源。

2. 社会效益优先，兼顾经济效益原则

公益性事业的首位效益就是社会效益，作为公益性事业的社区公共体育服务自然也要将社会效益放在首位，在体育资源的配置中要坚持"社会效益优先"的原则，坚持将有助于居民身心健康的工作放在重要位置来进行。当然，社会效益作为首要目标并不是说经济效益就不重要了，近几年体育产业作为第三产业的发展势头迅猛，体育消费市场不断扩大，体育产业可以拉动经济增长，解决就业问题，所以要将体育的公益性和商业开放性都重视起来。政府在宏观上调控主导发展方向和目标，市场进行调节资源配置，两者结合起来可以促进社区体育公共资源的合理配置。

3. 确保整体效益，体现有序调配原则

社区公共体育资源在配置的过程中要协调好整体和部分的关系，运用整体效益观来做指导，将资源配合的整体功效不断放大。在实际的资源配置中，要从各个方面、阶段和因素考虑，根据总体的目标，具体情况具体分析，协调好各部分之间的关系，将整体和局部协调起来，发挥好整体的效应。在城市社区公共体育资源整体规划与调配过程中，有必要建立一定的系统结构，用一个纵横交错的立体网络模式实现资源的有序性流动，按照一定顺序、分层次、分步骤、有计划地进行。

4. 政府投入和社会运作相结合原则

体育产业既有公益性特点又有商业开发性的特点，因此具有经济和社会双重的效益。在对社区公共体育资源的配置中有两个配置主体，分别是政府和社会。公共体育因为其公益性要纳入国民经济和社会发展规划中，国家予以财政支持。再加上我国的体育事业发展相对落后，基础还很薄弱，社会化和产业化的程度不高，所以就更加需要政府的扶持，实现资源的配置目标。

5. 必要性与可行性相统一的原则

对社区公共体育资源的合理配置首先需要对我国的体育资源情况和分布全面掌握，并且实时监测资源开发利用的情况，对资源的潜力进行分析，并且建立资源安全预警机制。体育资源在总体上全面详细地把控有助于提高体育资源参与宏观调控的主动性、科学性。对体育资源进行合理的调配和规划，能够提高对资源管理的水平，促进高效管理、科学决策和依法行政。而且通过对体育资源进行合理配置还能够激发居民参与体育锻炼的积极性，也促进了国民生活质量和健康质量的提高，从而带动整体城市体育的健康发展，因此是必要的和可行的。

在制定体育资源战略规划的过程中要将一切步骤都建立在对实际情况详细掌握的基础上，做好现状调研，让规划更加科学、高效。并且在实施的过程中分阶段、分时期地推进，让资源的战略规划的具体对策和社会发展的基本规律相符，这样才能使社区公共体育资源的分配工作必要且可行。

三、社区体育资源共享机制的构建

（一）构建组织管理机制

目前我国社区公共体育工作，主要由社区居委会在市（县）体育局领导下自主开展工作，由于居委会的管理权有限，很难实现社区内体育资源的整合与共享。社区内体育资源所有权（管理权）分别属于不同的系统（组织），要把它们整合成一个有机的整体为全体居民所利用，就必须建立各方参与的联合管理、协调机制。

充分发挥政府部门（体育局、教育局和文化局）的主导作用，联合有关部门，建立社区公共体育资源共享管理机构，可以将其命名为社区公共体育联合委员会，专门负责制定社区公共体育资源共享政策、统筹配置社区公共体育资源、协调社区公共体育活动安排、管理与监督社区公共体育发展事务。其成员由政府相关部门代表、社区公共体育管理代表、学校体育管理代表、企业和社会体育组织代表等构成。

构建社区公共体育联合委员会要注意以下几个方面：首先坚持"政府主导、市场调节"的理念。发挥政府主导作用，做好社区公共体育发展的顶层设计，运用立法的手段，建立相应的社区公共体育资源配置与共享的法规政策，并协调各方配合实施。发挥市场的调节作用，充分运用市场经济的调节机制，引入企业、社会和个人的体育资源为社区公共体育发展服务。其次建立社区公共体育联合委员会例会制度。定期召开委员会成员工作会议，协调处理社区公共体育发展与资源共享过程中遇到的问题，保障社区公共体育资源的共享。最后培育第三方社区公共体育服务组织。社区公共体育健身活动是一个包含有效组织、科学指导、效果评估的综合性活动，必须由专业的人员来完成，必须走专业化发展之路。

（二）构建多元供给机制

地方政府作为社区公共体育资源的主要供给者和管理者，要改变目前社区公共体育资源供给不足、总量偏少的问题，就必须建立社区公共体育资源的多元供给机制，提升资源拥有者的内在动力。

(三)改善资源共享环境

1. 完善政策体系

政策是行动的指南，只有建立完善的社区公共体育发展政策体系，才能全面有效地推进社区公共体育的发展。从资源共享的角度看，政策的对象是资源提供者（管理者）与资源使用者，具体内容应包括：权利与义务、行为与标准、责任与范围等。从目前已有的政策看，《体育法》《全民健身条例》《全民健身计划》从国家层面上规定了政府、组织和公民在社区公共体育资源建设、管理、使用等方面的责任、权利和义务，地方（县、市）政府也出台了相应社区公共体育发展政策，这些政策大多是以政府的名义颁布的，更多体现了指导性；而在社区公共体育工作实际中，具有可操作性、多部门合作的行动性方案较少。

从资源共享政策的内容和范围看，社区公共体育资源共享政策应包括五个维度：政策法规保障度、体育设施分享度、公共服务协调度、资源环境保障度、弱势群体共享度。

（1）政策法规保障度

政策法规保障度为社区公共体育资源提供了制度上的保障，为资源共享提供了前提。第一，如果想使社区公共资源的总量得到增加，我们就必须建立健全"多元投入"的制度，以此来促进各个方面的资金、物资、人才积极地加入社区公共资源的配置体系，提高政策法规对他们的保障力度，也要明确他们的义务和行为守则，时刻对其进行监督和管理。第二，因为当前的社区体育资源不归任何一家单位、集体或者组织所有，所以社区内的所有居民如果都想使用，就必须遵守由政策所决定的权利和义务以及行为守则和规范。第三，我们如果想要保证居民能够享受到充分的资源，就必须建立健全社区公共体育资源保障制度，比如社区公共体育设施开放制度、运动场馆管理制度、社区公共体育指导员管理制度、社区学校体育设施开放制度、社区公共体育组织管理制度等，通过这些制度来约束各个行为主体，确保社区公共体育活动的开展能够更有秩序。

（2）体育设施分享度

体育设施分享度为居民共享社区公共体育资源提供了基础的保证，也是社区体育资源共享的根基。第一，分享度是建立在总量足够的前提下的，如果资源总量都不够，那么必定无法实现共享。第二，社区内的居民还需要增强资源共享的意识，使之成为居民共识。社区体育资源共享就是建立在有使用需求以及制度保障上的。第三，需要确定一定的规则，能够保证居民高效、有序地使用社区公共体育资源，也为共享社区公共体育资源提供了前提。

（3）公共服务协调度

公共服务协调度为社区居民共享公共体育资源提供了组织上的保障，是资源共享的要害部分。当前居民可以共享的社区体育资源的种类非常多，体育运动的场地有室内外运动场馆、体育健身中心、健身步道、体育公园、公共广场等，体育运动的设施器材有全民健身器械、学校体育馆的设施等。另外，公共体育服务还包括体育健康知识讲座、健身指导、体质测试、组织体育活动等。以上的场地设备还需要由社区、场地的管理者以及活动的组织者根据一定的规章制度制订工作计划，统筹各个方面的工作之后进行有序的开放以及组织。这样才能高效地利用、使用、共享这些公共体育资源。整理、整合社区内的公共体育资源并统筹社区内居民的体育健身需求同样是公共体育工作的重要组成部分。

（4）资源环境保障度

资源环境保障度是社区公共体育资源共享的环境保障，是资源共享的底色。一般来说，资源环境包括资源使用环境和社区人文环境两个方面。资源使用环境是指居民在使用过程中所处的外部环境条件，如设施设备的新旧、场地的卫生、空间的大小、室内的通风、环境的绿化等；社区人文环境是指居民生活的社区的文化、习俗、风气等。社区居民开展体育健身活动，是以一定的体育设施为基础的，资源使用环境影响着居民参加体育健身活动的积极性和资源的使用效率，直接关系到社区公共体育发展的目标是否能够实现。社区人文环境影响着社区居民的价值观、行为方式和生活习惯，是构建团结、和谐、安全社区的重要因素。

（5）弱势群体共享度

弱势群体共享度是社区公共体育资源共享的底线目标，是实现全体公民共享体育发展成果的重要体现。检验社区公共体育资源共享程度的高低，最简单而有效的方法就是看居住在社区内的弱势群体居民（老年人、妇女、儿童、残疾人、低收入人群）是否能够充分享用社区公共体育资源。因此，在制定社区公共体育发展政策、管理制度时，一定要重点关注弱势群体的体育需求，用政策、法规保护弱势群体的体育健身权利，用制度管理、服务帮助，促使他们积极开展体育健身活动。

从资源共享政策的制定过程与执行来看，社区公共体育资源共享政策的制定应该是政府主导下的社区管理者、社区公共体育组织、体育服务企业、社区内学校和单位、社区全体居民共同参与协商的结果。按照目前我国社区治理模式，社区公共体育制度执行主体应该是多元的，政府组织、各社会团体、有关企业和单位及社区居民都是制度的执行主体。社区公共体育制度能否有效地执行和遵守，关键在于制度执行部门的责任人，制度只有通过执行人及组织才能发挥作用。

2. 构建信息共享平台

目前，手机是我国居民普遍使用的通信和获取信息的主要工具，社区公共体育信息管理部门可以联合通信、移动、互联网等公司，运用现代互联网技术，通过手机链接，实现社区公共体育信息资源的共建共享。例如，上海市、苏州市和常州市，通过互联网平台实现了对市民的体育需求与反馈信息的调查与收集、体育政策和新闻的发布、体育活动的组织与安排、体育场所分布的电子地图与运行使用实时公告、网上咨询交流与专家答疑。上海市还建立了社区公共体育"菜单式"配送和社区联盟赛等特色网络平台，采用"你点我送"供给方式，使居民"足不出社区"就能享受到健身指导服务，实现了居民体育需求与社区公共体育服务有效供给之间的良性互动。

3. 构建多元投入、共同管理机制

近年来，我国的公共体育事业有了较大程度的发展和提高。我们国家人口密集的城市数量比较多，政府的扶持力度有强有弱。社区居民真正能使用、调动的资源其实并不是很多，居民们不同的体育健身需求难以得到全面满足。而我们如果要改善这种情况，就需要采取并贯彻"政府配置＋市场配置"的模式。首先，政府的财力应该重点配备在公共体育设施的基础建设以及管理人员的领域，以此来为基本的公共体育服务提供保障。其次，通过政策引领、市场监督的形式以及减税和土地使用费、政府增加补贴等途径，使企业、个人、社会团体等积极参与到社区公共体育资源配置领域中，尽力落实"多主体、多途径、多方式"的配置模式，使社区公共体育资源配置融资的渠道更加宽广，增加社区公共体育资源的总量，提高公共体育资源服务质量。最后，我们还要建立并健全"购买服务"制度和竞争制度，促成政府组织、社会机构以及私营组织"并存、竞争"的形势，根据"谁建设、谁管理、谁受益"的理念，促进社区公共体育资源配置的改革持续深化。

地方政府行政部门如果要转变传统的统一包办、配置的管理办法，就必须使用政策的杠杆来充分地激发市场的创造力，找准政策制定者、市场监管者、资源组织者的身份定位，创新原有的制度，以此创造"多元投入"的氛围。政府还要通过各种官方媒体宣传、报道、表彰等手段和方式鼓励社会各方力量参与到公共体育资源配置中来，在物质和精神上奖励作出突出成就的主体。以此使这些主体再接再厉，提高公共体育资源配置的水平，创造政府、企业、体育组织和团体、社区居民等各方的合作共赢。

社区的公共体育资源是十分稀少的，更是可贵的，因此我们只有提高社区公共体育资源的利用率，才可以最大限度地增加其在"全民健身""健康中国"建设中发挥的作用。生活在这个人类越来越需要彼此依存的时代，我们必须共同积极地建立健全社区公共体育资源的共享机制，才能应对社区公共体育发展过程中存在的资源匮乏以及不均衡。我们共享社区的公共体育资源也是非常困难的，这其中的机制更不是建立就可以掉以轻心的，因为这个机制势必是随着现实以及创建人的目的和需求而变化的。

四、社区体育资源的开发

（一）社区体育资金资源的开发

社区体育的资金来源是多方面的，其管理的方式也是具有公益性质的。政府各部门必须严格遵守《体育法》的相关规定，按年度来逐渐增加在体育事业上的资金支持。相关行政部门也要合理分配社区体育活动的经费，最大限度地发挥社区体育的优势来吸引投资和赞助，比如文化衫、广告牌、比赛冠名、场馆冠名、社区体育队伍的冠名等。另外，我们还要通过激励企事业单位、社会团体和个人捐赠去支持社区的体育活动。如果有条件，社区还能设置包括团体和个人投资的社区体育的基金。

(二) 社区体育基础设施资源的开发

恰当的资源配置可以最大限度地发挥周边各类社区体育资源的作用,社区之间能够合建小型的场馆来实现产业化的运作方式,通过俱乐部的方式吸纳会员,建立有偿使用的机制。社区还能和厂矿、企事业单位或学校合建或者分建,然后出租、租赁公共体育的基础设施,实现社区体育资源的共享;加大对投资社区体育设施的个人、企业的鼓励力度,比如由政府给予这些企业一定的优惠政策;另外,大型的体育中心和场馆还要持续地发挥窗口的作用,积极进行重组整合以实现产业化运行,慢慢形成同时具有竞赛、健身、娱乐、休闲、旅游、观光等功能的综合性开放式体育公园。

(三) 社区体育人才资源的开发

政府的相关部门要加快推进社区体育工作人员的公务员编制的确立进程,设置社区的体育指导中心;通过体制内培养足够的社区体育人才,每一级社会体育指导员培训站也应主动迅速地负责起社区体育指导员和社区体育管理者的培训任务;各个体育院校应在短时间内设置社区体育专业以及社区公共体育的研修班,并建成社区公共体育的专业队伍;主动引入大批社区公共体育建设的积极分子以及志愿者;最大限度地利用体育教师的价值,通过他们丰富的经验和理论基础来进行各种社区公共体育的赛事,使学校和社区能够在人才培养和基础设施上实现优势的互补。

第六节 城市社区体育文化与学校体育文化

一、社区体育文化

(一) 概念

社区的体育文化,指的是特定区域内各类体育方面的文化现象的总和,也是社区的居民在熟悉的环境中长期生活实践而逐渐养成的具有群体个性特色的社区意识、价值理念、行为以及生活方式等。大众体育文化包含着社区的体育文化,并影响和制约着社区体育文化。中国特色社会主义建设包含着文化建设,当今社会的主文化就是中国特色社会主义文化,因此社区体育文化的性质也是由它所决定的。一个优良的社区体育文化的宗旨一定是面向基础、服务基层的,主要内容一定是提高社区居民整体素质、精神文化生活质量和社会综合文明程度,也一定会对社会主义精神文明建设以及和谐体育社区的构建起到重要的作用。

(二)分类

按照社区的社会结构,社区的体育文化包括众多的分支。

1. 服务体育文化

为居民提供体育服务是社区公共体育的主要任务。社区公共体育在为居民提供体育服务的过程中,出现的体育服务的理念、道德、形式、层次、质量、监督、效益等构成了服务体育文化。社区体育文化的主体部分就是服务体育文化。

2. 节日体育文化

社区在节假日尤其是传统节日期间就会组织大型的体育演艺娱乐的活动,久而久之就成了节日体育文化。它的内容以及形式的稳定性相对较高,因此也是社区体育文化中具有传统性、常规性的体育文化。

3. 家庭体育文化

家庭是社会的最小组织,是运动者生存之所在和文化养成的根系。离开中国家庭背景的社区公共体育文化建设必然不会产生长期且深远的影响,因此社区体育文化建设才需要依托、依靠家庭体育文化的建设。比如,我国"奥运社会支持工程"的体育文化、精神文明建设的主要活动内容就是建设文明体育家庭、全民健身家庭、奥运家庭。家庭体育文化也是社区体育文化的基本单元。

(三)性质

1. 区域性

社区体育文化的产生和发展场所是在特定区域内的,它和其他的文化一起组成了社会文化,所以拥有社会文化的共同特征,可以体现某种层面上的社会经济、政治。它因为被人员结构、地理位置、传统精神、社区组织等条件所牵制,所以会无法避免地被打上这个地区的痕迹,具有显著的区域特点。社区体育文化成型的时间跟体育文化积累的丰厚度、区域特征的显著度是成正比的。

2. 融合性

社区人员的结构十分复杂，其中的居民有着不同的职业、经济收入、受教育水平、宗教信仰以及价值取向，所以他们也有着不同的体育兴趣。然而，社区体育文化的博大胸襟可以接受和融合各式各样的体育文化形态。不管是本土的体育文化形态，或者外来的体育文化形态；不管是传统的体育文化形态，或者现代的体育文化形态，全都可以在社区体育内和谐共生。

3. 共享性

社区体育文化的共享性体现在它是被全体的社区居民在生活实践中共同创造出来的，所以全体社区居民可以共享社区的体育文化。社区的体育爱好者不只是社区体育文化活动的参与者和创造者，同时是其成果的维护者和受益者。他们通过自发的或集体的文体活动获得身心上的愉悦，通过其中的彼此协助加强与人的沟通和交流。社区体育文化的实践也说明了社区体育文化的共享性与凝聚力和社区居民的归属感成正比。

4. 感染性

社区体育文化一旦形成并通过群体成员的认可，就会对社区内的全体成员造成一定程度的约束力。但归根结底，社区体育文化还是松散型的社区群体文化，它对社区内居民的心理、意识、行为的影响和约束作用体现在舆论引导、榜样示范、良好风气和氛围的熏陶，在潜移默化中教育他们。

二、社区体育文化与学校体育文化的融合

（一）二者之间的关系

学校内的体育文化和社区内的体育文化都包含体育资源、组织文化以及精神文化三个方面，然而两者在体育锻炼的出发点、体育管理的组织以及锻炼的项目、场地设施等方面有着明显的差别。

高校教学的课程比较单调，不够生动活跃，难以使学生产生兴趣，而一些社区因为场地器材的关系，来锻炼的人群主要是女性和离退休老年人。因此，社区体育和学校体育的锻炼时间可以相互补充、互相学习，但活动的形式各有不同。

（二）融合现状

第一，目前大家研究最多的课题就是学校体育文化和社区体育文化的结合，但大部分研究人员的研究还是聚焦在如何挖掘利用校本资源和社区特色资源等，还有阐述自己关于怎么打开界限，怎么让学校和社区的长处能够互相补充、实现共赢的看法，而综合研究体育资源、组织文化、精神文化的学者比较少。

第二，学校已经向外界免费开放一部分的公共体育资源，共享了这部分公共体育资源。另外，学校的体育项目和人员也逐渐进入了社区的体育锻炼活动，实现了二者的阶段结合。

（三）融合的困境

1. 理念落后，思路狭隘

目前学校体育文化与社区体育文化融合的理念相对来说有一定的局限性，仅仅意识到了"资源互补"的重要性，也就是学校和社区体育文化的结合可以促进彼此的进步，却不知道彼此的结合必须在人力、财力、物力这些角度上相互扶持，并且渗透到对方的社会制度层面上，也就是说利用自身的体育资源文化影响对方的体育精神文化。校园体育文化和社区体育文化要实现彼此互动、共同发展。

2. 管理体制和工作机制不健全

没有一种事物的进步发展能够离开政策法规的扶持。学校虽然同属社区的一分子，但管辖者却是不同的组织和部门，甚至于不会设置独立的管理部门，因此学校体育文化和社区体育文化都没有相应的管理和决策机构，也就都没有相关的管理和工作机制，才会出现难以在组织上统筹利用和管理。

3. 相互供给的质量和效率较低

如果没有经费支持，文化活动就很难开展，当前政府的管理机制还不是特别健全。学校和社区之间的体育文化都是自发进行彼此供给的，没有场地、器材限制、无准入条件的体育文化活动的覆盖面比较窄，辐射力度也不是特别强。学校内体育的优势也没有真正发挥出来，即让体育方面专业的人进入社区，调查搜集社区中实际要处理的矛盾，进行学校融入社区的初步探索。社区和学校是脱离的关系，社区也没有存在于现代学校制度建设和规划的框架中。

（四）融合的意义

1. 有利于强化学生的社会能力

因为社区和学校体育活动的融合，学校内的教师也能够超出校园的限制，和体育的爱好者一起进行体育锻炼，提高了体育锻炼场所的利用率，也让所学知识和体育文化的实践结合起来。这样的话，学校内的学生既锻炼又提高了自身身体的素质，也获得了体育实践的知识，使自身的眼界得到了开阔，反应能力得到了提高。学生主动去融入社区的体育文化活动，既使自身的特长得到了发挥，又发扬了大学生的独特风采，另外对融合社区和学校体育文化也存在一定程度上的现实意义。

2. 有利于培养大学生的创新能力

文化影响力的载体是学校和社区体育资源的融合与交流。我们还在现代学校制度建设框架内，进行了创造性的学校融入社区体育活动的实践。这些实践进行后，学校和社区体育文化的互动就能提高自我的认同感，让学生能够参加更具创新性的体育活动。随之学校和社区体育文化的文化产品创作将会出现得更多，为学生提供更广阔的想象和创作自由，能够使学生的创新能力得到提高。

3. 将为科学建设社区体育文化、丰富学校体育文化创造机遇

两者的融合发展有利于学校体育文化的丰富以及社区体育文化的科学建设和迅速发展，也可以创造双方的战略发展机遇。它们彼此互相融入、互补，同时我们还要积极思考如何利用好学校体育的社会方面服务的优势以及如何整合社会各方面的体育资源。我们还要积极地进行思路创新，比如，社区中喜欢篮球运动的人员能跟学校中的老师或学生一起成立篮球联络社，形式和内容上可以仿照学校内的体育活动，开办各类体育活动的规则培训班、技术交流班，定期进行体育活动的友谊赛。

第三章　城市社区体育中心

本章内容为城市社区体育中心，主要从三个方面进行了介绍，分别为城市社区体育中心的基本概述、城市社区体育中心的功能与类型、城市社区体育中心的发展路径。

第一节　城市社区体育中心的基本概述

一、社区体育中心

（一）社区体育中心定义

社区体育中心是一种多功能的综合性社区体育设施，它的核心空间的功能是体育健身，同时还有其他空间作为辅助功能。它也是由社区特别设置主要用于体育健身的，多项体育运动项目可以在这里同时进行，另外还有不同种类的辅助作用的设备，能够符合社区居民日常生活的基础休闲、健身以及娱乐要求。社区体育中心不是普通的空间上的排列，而是多种功能单元构成的建筑空间群、有序的组合空间有机建筑。它比社区单一功能类型的体育场馆有着更加复杂的多种功能组合的特性。

（二）社区体育中心与社区体育场馆的异同

"社区体育中心"这个词语诞生于国外，大部分时候指的是在特定的社区区域内开展各项体育运动以及相关类型的活动的场所，它的功能种类比较多，能够满足社区居民各种各样的需求，包含室内以及室外两种场地。社区体育场馆跟它一样，也是能在里面开展各项体育以及体育相关活动的场所。他们虽然有着相似的本质，但却有些细微的差别，比如，印象中目前我国的一些体育场馆大多是单功能的，像社区羽毛球、篮球、网球馆等，它们的名字和社区内的体育运动场馆很相似，让人不容易分辨。但是，社区体育中心就可以充分体现出这种综合性场馆的特征，像能同时开展多项运动、居民活动点、社区聚集中心等。

（三）社区体育中心等级划分

1995年出台的《居住区规划设计规范》确定了我国社区的公共服务设施配套标准，其中按照人口数量把居住区分为居住区（30 000~50 000人）、居住小区（7000~15 000人）、组团（1000~3000人），逐步形成"居住区—居住小区—组团"的三级结构。所以，这里同样按照社区的人口数量划分社区体育中心，主要有"标准级社区体育中心—小区级社区体育中心—组团级社区体育中心"。这三个场馆的室内面积标准分别是：组团级社区体育中心（小于1500平方米）、小区级社区体育中心（1500~3500平方米）、标准级社区体育中心（3500~5000平方米）。这个标准不是固化的，可以按照居住区的实际进行一定的微调。社区体育中心是社区公共服务设施系统的一部分，所以社区体育中心的使用率与距离社区居民的路程远近直接相关。

二、城市社区体育中心复合化设计

（一）相关概念

1. 复合

"复合"这个词语在现代汉语词典里的意思是"合在一起，结合起来"。"复"为堆积、重叠，"合"为交融、重新组合。而"复合"指的是客观事物的每一个组成要素的堆积、重叠、组合，然后构成一个全新的有机体。它不仅有客观事物构成要素的特征，而且还有新的特征。"复合"跟"混合""集约"这些简单的"量"的积累不一样，它是在内部各个要素中出现融合，然后进行整合和优化而产生的新反应，属于"整体大于部分之和"。它在秩序的基础之上产生，所以也是有序的有机体。

2. 复合化设计

同一个空间中可以容纳多种功能和需求的设计就叫作复合化设计。可以利用空间的折叠和同置，达成多功能多层次同时存在和交叠。我们不但能够独自享用一种功能,也能够把它当成同一种功能使用;另外,空间界面除了发挥着分隔和围护的作用,同时有着信息传递的重要价值。

在一定的空间或总量内,每一个使用价值之间是互相制衡、互相渗透、互相包容、互相依靠的。它在一定层面上也是设计的优化和复合,是对放在一起的场馆中的某类或多类功能的空间进行同时的设计,利用这些功能空间的均衡与和谐以及彼此的影响来实现功能与经济效益的最大化,复合的次序通常是按照每一个功能空间的相关性特征来决定的。

(1)多功能的相互作用

复合化设计中的每一个功能空间之间不仅会出现积极的互动,像影响、融合等,而且在其中要营造出正向的纪律,这能够让各个功能能在复合化设计中和谐共存,利用"集聚效应"使整体效率得到提高。

(2)功能分时利用

在复合化设计的建筑空间内,它的不同功能往往有着不同的使用时间。比如说社区体育中心,居民通常在白天使用它的社区服务功能和体育功能,通常在中午和傍晚在里面就餐。因此,社区体育中心的管理人员就需要按照这个特点恰当、科学地进行场馆的开放,以免人群聚集。另外,场馆内的主要空间可以按照运动的种类以及年龄,分时间段安排,促进空间利用率的提高。社区体育中心内的功能空间必须最大化地进行分时利用,来实现各个功能空间能够全天内互补的效果,通过这样提高场馆空间的利用率和生命力。

(3)功能空间的节约

功能空间的节约指的是场馆必须在一定的土地上构建整齐、高效、集约的构成方式,这样能够提高内部空间的利用率。

(4)功能直观性

功能的直观性指的是建筑内的多个功能空间能够彼此感知对方的功能,像运动和休闲、餐饮空间等,有关联的功能空间尽量放置在靠近的方位,空间与空间之间的界面应有差不多的通透度,推进社区内居民之间的往来。

3.社区体育中心复合化设计

社区体育中心的复合化设计就是使这个建筑内的各个功能空间之间的关系更加紧密,加入积极的特质,使建筑内的空间氛围更加良好,以便于创造更加优良的建筑内部空间环境。建筑内部的每个功能空间都是互相促进、制约、依赖的，目的是促进并提高社区体育中心建筑的集约率、资源共享的效率、社交率，并在良好秩序的保持和设备的使用的同时进行恰当合理的复合设计。另外，像这种复合化设计的效果是多角度、多属性、多文化的融合，并不是简单的数量叠放。

（二）社区体育中心"复合化设计"与"多功能化设计"异同

多功能化设计主要是从社区体育中心的功能角度研究它们之间的优化和整合，而社区体育中心的复合化设计既有功能方面的整合的优化，也包括其他层面的优化组合，例如文化层面、建筑空间层面、技术层面、结构层面等，也是建筑的重要组成部分。所以，复合化设计跟多功能化设计比起来，前者的范围更加广泛、全面，多功能化设计只能算是它的一个重要构成部分。所以，社区体育中心这种综合类建筑的将来发展方向不只是体现在功能上，还会体现在空间、文化、材料、结构等维度上。

（三）复合化存在基础

1. 功能基础

（1）社会需求的多元

社区是城市的基础组织，也是它的一个社会层面的缩影，不同年龄段、文化水平以及职业的人共同构成了社区。因此，社区内不同的群体的体育活动需求是多样化的。然而现有的社区体育活动的场所大部分是在室外，内容简单，受天气影响较大，所以现在难以顾及社区内全体居民健身康体的要求。如果要解决这一问题，我们就必须建设大量的社区体育中心，这种室内的综合性体育中心能够提高人们的健身水平，激发居民彼此交往的多种可能性，体现出社区的活力。

（2）同一类型功能可以融合

因为社区体育中心体育功能的构成特征是多样化的，它的里面包括了几十种体育活动项目，这些体育活动的项目如果都在建筑内部独立设置，就会出现建筑体量大、投资多、不宜使用等问题。而在社区公共体育资源十分有限的基础下，综合性地设计建筑的内部功能，也就是把同类型的功能放在同一建筑空间内进行设计。例如，篮球、羽毛球、排球、乒乓球等体育运动活动就能够放置在同一个功能空间中，这样可以充分地利用空间，提高资源的利用率。

（3）不同类型功能具有共存性

作为社区的公共场所，社区体育中心的本质是一个给社区居民提供优质体育活动的场所。社区内有多方面的公共服务，像社区商业服务、社区保健服务、社区基础教育服务等。因为社区的公共土地资源和经济条件是有限的，所以难以提供独立的场地来满足居民的体育需求。如果建成融合多种居民需求的综合性体育中心，就能够解决这个问题。

2. 空间基础

现在人们的生活水平越来越高，对生活空间的环境要求也更高，人们的关注点在于它的形态、尺度、结构、色彩、节奏、自然环境等方面。社区体育中心属于公共建筑，它的空间复合性包括以下几种情况。

（1）功能多样

社区体育活动的种类非常丰富，它们各自的功能对建筑空间的要求也不尽相同，对建筑面积的要求范围能从十几平方米到几百平方米，也有着不同的空间高度要求。例如，羽毛球、篮球、排球这类体育运动需要的空间高度就非常高，乒乓球、台球、瑜伽这些活动就没有特别的需要。因此，空间功能的多样化是保证融合体育活动多样性的前提。这就需要形成独特的建筑形态和体量，从而满足居民不同的体育运动需求，让更多的社区居民参与进来。

（2）技术条件提高

科学技术的迅速发展让结构材料以及形式的种类变得更加丰富，原来的建筑空间被打破，那种拥有大空间的建筑也因此发展了起来。例如，社区体育中心这种空间需要宽敞、通透的大型建筑。现代科学技术水平的迅速提升刚好保障了社区体育中心的继续发展，创造了空间复合化发展的可能性，然后可以符合不同功能空间的需求。

（3）与其他功能空间组合

社区体育中心空间的复合不只基于内部功能空间的多样化组合之上，还基于与外部空间功能的聚合。它与所在的地区内的商业、文化、空置空间聚合起来成为新的空间组合，如此不仅可以提供空间给社区体育中心，还可以实现本身的发展，提高社区的多样化水平。

（4）人们对自然空间渴求

在社区居住环境越来越远离自然的时代，人们对体育运动时的自然体验特别爱好。而社区体育中心是建筑规模不是特别大的社区公共服务场所，它通常也就是2—3层高，可以为顺利地在其中加入一些自然元素，以便于使人们进行体育运动时获得更好的自然体验。

3. 文化基础

"文化"指和人类有联系的一切行为活动与成果，其中包含科技文明、精神思想、物质社会等，其自身属于历史范畴的现象，每一种社会里都存在着跟它匹配的文化种类，大致体现在艺术修养、宗教信仰、科学知识、道德规范、生活习俗、法律法规，还有其他社会成员取得的其他方面的能力、技能。社会文化的一分子就是体育，它明显地被社会文化中的其他部分所影响。因此，社区体育文化对社区体育中心的影响也非常深刻，具体有以下几个方面的基础：

（1）传统文化基础

我国的历史文化积淀十分深厚和悠久，因此其中存在着非常多独特的文化与传统，比如养生文化、艺术文化、服饰文化、饮食文化等。尤其是我国传统养生中的强身健体文化，它重视体育运动，因为体育运动有利于人体的健康和长寿。著名的养生著作——《黄帝内经》，就是在春秋战国时期形成的，其中的首要观点就是通过日常的体育锻炼来防止身体产生疾病，这个观点和我国全民健身的核心和目的一致。另外，现在的人们被我国的传统文化显著地影响，像太极、武术等，既被我国人民深刻地喜爱着，也是深刻地影响着世界体育运动的潮流。

（2）地域性文化基础

在一定长期封闭状态下的地理区域内成长和在本民族传统文化的影响下发展起来的就叫地域文化，它主要体现在道德观念、风土人情、节庆活动、宗教信仰等方面上。民族体育文化就是这其中和体育相关的方面。首先，我国地域广阔，有着十分丰富的自然地理环境，各个地方的地域环境和人们的生活方式差异也很大，因此各个地方的体育活动也不尽相同，比如北方滑雪、滑冰、摔跤等，南方赛龙舟、游泳等。其次，我国的少数民族非常多，不同民族的文化传统更不尽相同，如土家族的板凳龙、苗族的打花棍、穿花衣裙赛跑以及藏族的赛马、摔跤等。

因此，地理环境和民族环境的差异都为社区体育环境的差异创造了生长的可能性。

总而言之，各种文化环境为我国社区不同社区体育文化的发展提供了养分，从而产生了各种各样的体育活动，也有利于社区体育中心的复合化发展和建设。

（四）影响复合化主要因素

通过分析我国体育文化的历史发展，影响我国社区体育中心复合化的因素在宏观上有国家的经济水平、文化底蕴、社会结构等，小范围内也有自身的公共性、服务性、综合性等特征，更是和其本身建设的内容定位、规模大小、选址规划等方面有关联。所以，我们能够在三个角度分析这些因素。

1. 复合规模

社区的体育中心是一种综合性的体育场馆，它的建筑规模和其他这种类型的体育场馆相比要更小，大部分低于5000平方米，服务的社区数量通常为一个或几个。因此，社区体育中心复合化设计的策略和复合化后的规模取决于建筑本身的建筑规模，主要规律是复合后的建筑占地面积、体育设施等级、服务半径及所提供的体育项目数量与建筑本身的规模大致成正比。

（1）影响规模大小的因素

一是社区人口结构。因为社区体育中心建筑的服务对象为社区居民，所以社区的人口的数量、年龄层次、结构等级等对复合化的体育中心有着直接的影响。因为体育中心场馆建设的初心是给社区居民提供服务，所以在准备工作阶段必须评估社区的人口结构，以确定和社区人口结构匹配的场馆规模。如果是刚建成的社区，它的人口结构和规模还不肯定，那也需要找相关的设计实例作参考，来进行预测和评估人口结构。

二是规划布局选择。我国的城市人口因为被各种原因限制，所以它的分布并不均衡。例如，新老城区的人口规模与结构在同等的面积条件下的差距也很显著。所以，就算是同等的人口条件，在选择社区体育中心的规模时，也要把人口服务的半径计算进去。我们可以按照服务半径对社区体育中心进行分类，分别是"标准级—小区级—组团级"这三个类型。

（2）不同规模的复合类型。

一是单项专营型。单项专营型的社区体育中心的功能主要是单一的体育运动项目，比如排球馆、瑜伽馆、网球馆、游泳馆、篮球馆等等。我国社区用地紧张的老城区通常都是这种类型的中心，它们的建筑规模等级比较有限。

二是多项专营型。多项专营类的社区体育中心的功能是多种体育项目的功能结合起来的，所以可以在同一时间进行不同的体育活动项目，能够符合社区居民的各种体育运动需求且没有除体育外的社区服务，它的建筑规模较大一点。

三是兼营型。兼营型的社区体育中心的功能服务主要是体育运动和健身方面的，但是其中还提供其他方面的社区服务（比如商业、娱乐、文化、餐饮等），可以在同一时间进行多种类型的社区体育文化娱乐项目，能够符合社区居民多方面的需求，所以它的建筑规模通常非常大。

2. 复合内容

满足社区内居民不同方面的体育健身需求就是社区体育中心建设的目的。所以，建筑师在刚开始设计的时候就必须调查研究这个社区内居民的体育活动锻炼的特点和需求特征，还要评估目前的体育设施以及现状。然后，按照调研的数据，确定社区体育中心良性发展的合适的复合计划。

（1）影响复合计划的限制因素

一是社区居民体育需求。因为每个社区的常住人口结构类型各不相同，也就导致了不同社区在体育运动上的需求也不一样。比如，老年人占大多数的社区，就需要多一点运动强度低的娱乐休闲类体育运动项目；中青年人占大多数的社区，就需要多一点运动强度高的体育运动项目。因此，建筑师在设计场馆功能时要考虑到社区的实际需求。

二是社区现有体育设施。我们通过实地的考察和调研后，结果显示不同的社区的体育设施数量或多或少，大部分是室外的体育设施，比如健身路径、室外健身器材、景观广场等等，也有的社区还拥有少量的如篮球馆、羽毛球馆、瑜伽馆、游泳馆等此类室内的体育场馆。所以，建筑师如果不在一开始就把社区的实际情况考虑进去，只是根据固有的方案设计场馆，就可能会浪费社区的有限资源。

三地域性文化的影响。社区体育中心是一种社区内的公共体育建筑，其外部的色彩、尺度和形态和通常的建筑比起来，识别度会更高；它的内部使用功能还要把社区本身所处的地理位置考虑进去，也就是合理地加入地域性的体育，使其内部功能更加丰富，更具地域特色。

（2）功能组合类型

按照复合的类型，社区体育中心的功能组合类型通常有体育+商业、体育+文化、体育+卫生服务设施、体育+老年人活动设施、体育+基础教育设施等，而在实际中，还有可能是以上提到的两种或三种结合成为的多功能、综合性的体育场馆。

（3）空间组合形式

空间和功能的关系是相对而言的。每一种功能不仅能够有同一种空间形态而且能够体现出不一样的空间氛围，这主要取决于建筑设计师的想法。他可能想创造出一种有序排列的空间，还可能想创造出叠加的个性化空间，它的主要凭据还是复合功能的特点。

3. 政策经济

居民的体育运动理念随着现代社会的不断发展进步而变化，从原来只是"观赏"感兴趣的体育运动到"参与"感兴趣的体育运动，不断有居民加入社区的体育运动项目。国家为了满足大家体育运动的需求，出台了相关的政策和法规。但是，我国社区体育设施发展不好，受这些政策法规还不够完善、落实度低和投资回报率差等方面的影响，我们可以总结归纳出以下两个方面。

（1）政策层面

前面提到过，为了满足大众体育运动的需要，我国从1986年起就颁布了一些这方面的政策和法规，明确规定了社区体育运动设施的指标、规模等级、设施类型，并要求要全力发展社区体育。然而，国家的相关法律法规在实际实施过程中的落实度并不尽如人意，尤其是社区体育室内场馆设施用地权属的问题非常严重。即使国家规定了社区文体设施建设方面的千人计划，但"文""体"的比例没有明确的划分，导致了开发商不清楚购买的方向，忽视了"体"这方面的设施开发。大家都清楚，城市的土地如果建设商业的话，回报率会非常高，而开发商如果在这些土地上建设具有公益服务性质的社区体育中心，回报率就比较低，甚至会严重妨碍自身的经济利益。另外，政府如果运用强制手段把社区体育中心划成社区的公共附属配套使用土地，但又不给开发商一定的土地政策、资金投资方面的优惠政策，肯定会降低开发商的建设热情。那么就可能会产生后续的建设标准达不到、建筑性质改变、规划和布局不合理等等问题。

（2）经济层面

政府投资、国家体育福利彩票、个人投资等是我国社区体育中心建设的主要资金来源。然而，这些年社区体育设施的建设开展得并不到位的原因就在于以下这两点：第一，国家尽管每年都会投资社区体育中心的建设，但是在投资的力度方面却有点欠缺，其中的大部分还都用在了室外的体育设施建设，投资在社区体育的部分比室外的体育设施建设少；第二，一直困扰着建设者们的问题大部分在于社区体育中心的前期投资额比室外的体育设施要多，但是后期的经济回报率却很低，这就使建筑商必须"以场养场"。

那么为什么我国目前的室内健身场所比室外的要少呢？原因在于这两点：第一，我国在社区室内体育设施方面的投资力度比较小；第二，对一些人来说，室内体育健身设施的使用费用不是他们能担负得起的。因此，像这种室内的、功能齐全的社区体育中心才是未来的发展趋势。所以，降低建筑的前期建设投资成本以及体育运动设施的使用费用，是社区体育中心的复合化设计首要解决的问题。

（五）复合化设计方向发展

随着我国在大众体育设施方面建设的力度逐渐加大，国家各级政府也越来越重视以社区室内体育设施为载体的社区体育中心的建设问题。社会与居民日益增长的需求对社区体育中心的场馆设置提出了新的要求，之前的单一类型场馆已经不适合现今的社区建设，目前的场馆建设目标就是功能更加多样、空间更加丰富、文化底蕴更加浓厚等。

1. 功能复合化

社会与居民的多样化需求导致的社区体育中心功能复合化导向已经发展成了肯定的走向。社区体育中心在社区中日渐发挥着交往、休闲、娱乐、健身等多方面的作用，多种功能存在于同一个建筑空间中，倘若这些功能空间之间没有紧密的联系，就会影响社区体育中心的整体使用效果。如果想要使建筑每个功能空间之间的联系更加紧密，我们就需要在设计的过程中把多样化带来的不利因素考虑进去，实现功能设计的优化。

建筑创作的关键就是建筑功能设计。多功能复合化设计有利于社区体育中心的发展。它之所以出现，原因主要有以下几个方面。首先，因为我国城市土地资源紧张、地价昂贵，所以建设具有公益性质的社区体育中心的压力更大，如果要减少建设投资的成本，就必须使其向功能复合化方向发展。其次，目前的综合性公共建筑设计重视多功能、高效性、共享性等综合性的设计要求，也推动了社区体育中心的功能的发展方向趋于复合化。接着，功能的多样化复合设计，使体育运动设施的种类更加丰富，也有利于使不同层次的居民开始健身，不仅增加了经济利益，也推动了社区体育中心功能的复合化发展。最后，合理地整合设计建筑空间的功能，也促进了建筑的未来弹性发展，以及功能的弹性和可持续发展。

所以，我们要按照社区体育中心功能的多样性发展趋势，设计出功能复合化发展的方案。建筑空间的功能复合化设计能够让各功能之间相互影响、相互激发，实现功能互补、整体高效运转的目的。另外，通过建筑空间的功能进行优化叠加，能够让不同的功能类型存在于同一建筑空间体系变成可能。

2. 空间复合化

建筑空间的目的是满足人们生产或生活的需求，它是各种建筑要素与形式组成的内部和外部空间的总称。它还包括物质空间和精神空间，这两者的联系非常紧密，并通过尺度、节奏、连续性、体积、参透性、方向性等方式体现出来。空间是最能渗透人的活动的，它是建筑特有的特点。然而，单一的空间让人觉得单调乏味，但复杂混乱的空间有很容易让人迷糊，因此建筑空间设计的好坏和空间使用者及建筑的可持续性发展有着非常直接的关系。

社区体育中心建筑的空间设计和人们参与健身活动的积极性有着非常直接的关系。居民在健身期间按照个人的兴趣爱好选择不同的建筑空间，不同的功能给人们的心理感受也是不同的，良好的功能空间更容易吸引人们参与进去。而按照相关的研究，社区体育中心本身的一些特点为其进行空间复合创造了有利条件。首先，标准社区的体育中心的特点就是功能多样性、公共性、共享性。其次，社区体育中心是社区公共服务设施，它所在的社区的环境是不同的，能够和文化教育环境、商业环境、自然环境等结合，环境的差异造成了空间结合方式的差异，因此带给社区居民的感受也有差异。另外，因为我国社区体育设施的发展十分缓慢，目前的体育场馆功能类型比较少，可以说没有什么空间功能上的设计。因此，在适应社会需求而增加功能类型的同时，也应该重视空间的设计。

所以，社区体育中心向空间复合化方向发展策略的目的就是有效组织和布局社区体育中心空间，让建筑功能之间的联系更加紧密，改善社区居民娱乐休闲健身的环境，给社区体育中心复合化的发展提供指导。

3. 文化复合化

我们国家的历史非常悠久，五千多年的文化底蕴十分深厚，并且由于国土面积非常广阔，地域文化显著不同，有着多样性和非均质化的特征。所以，作为文化一部分的体育，也拥有着多样性的特征。比如学校体育文化、竞技体育文化、地域性体育文化、社区体育文化等，这些文化一同组成了我国的传统体育文化体系。

人们日常的生活被社区体育文化深深地影响着。因为不同的文化产生都有它特定的原因，正是这些原因造成了文化的多样性，相同社区体育文化的产生被多种因素影响。通过前面的分析可以看到，社区体育文化的出现有它的时代性。第一，随着我国国民经济的迅速发展，人们的生活水平也渐渐提高了，8小时工作日制度的实行让居民的闲暇时间更多了，因而也就有了更加迫切的体育健身需求。第二，我国社会的逐渐老龄化，让我国体育发展的重要方向变成保持老年人的身体健康。这些都推动我国社区体育文化的初步产生。从1986年起，国家政府颁布了一系列这方面的法律法规，强调发展社区体育，建成了一大批社区体育运动健身的设施，像体育文化主题广场、室外体育健身设施等。

社区体育中心因为被其他因素影响，所以建设和发展得并不尽如人意，这里面一个重要的因素就是体育活动健身项目的单调，只有羽毛球、篮球、乒乓球等传统的体育健身项目，并没有加入与城市文化紧密相连的地域性体育项目。当前，我国地域性体育项目的种类丰富，比如南方的赛龙舟项目、少数民族歌舞活动、北方的冰雪运动项目等，这些地域性的体育文化活动项目为社区体育文化的发展提供了丰厚的养分，社区体育中心完全能够吸收所处城市的地域文化，通过不同文化之间的互相影响，使自身文化底蕴更加丰富，创造具有地域文化特色的社区体育运动健身环境，提高体育文化的多样性。

第二节　城市社区体育中心的功能与类型

一、城市社区体育中心的功能

（一）经济功能

社区体育中心建设的经济性问题是由其作为社区配套建筑的基本建筑定位所决定的，是设置社区体育中心的功能时必须优先考虑的，包括两个方面：（1）社区体育中心的职能与城市体育中心的优势互补。我国的大多数城市体育中心建筑都充分考虑了市民参与体育健身活动的需求，建成了许多综合性的体育活动场馆并对城市居民开放，所以在设置社区体育中心的功能时，应合理地考虑在功能上与城市体育中心建筑实现优势互补，或成为城市体育中心建筑功能在社区和街道中的拓展，满足社区居民的健身需求。（2）体育建筑的空间本身具备一定的专业性，往往会要求建筑的跨度、通风采光等物理属性；而社区体育中心属于社区的公共服务配套建筑，它投资兴建的成本问题就变得非常敏感。所以，我们应先研究社区体育活动的空间需求，再初步地预判社区体育中心的后期成本。

（二）适用功能

社区体育中心的适用性问题对社区体育中心在投入使用后的运营水平有直接的决定性作用。所以，社区体育中心体育功能的适用性研究可以从三个方面开始：第一，社区居民对体育功能的需求度；第二，社区体育中心体育活动的空间适配度，包含场地空间的尺寸、配套用房的设置等；第三，社区体育中心是否能够长期运营，是否能够通过适当的盈利来维持社区体育中心自身的建筑更新与维护。

二、城市社区体育中心的类型

（一）"社区体育＋社区配套服务"

居住区配套设施中，文化活动站（含青少年、老年活动站）、社区服务站、社区卫生服务站、社区商业网点、老年人日间照料中心（托老所）等服务性设施，在建设的时候布局应该更加集中一点，进行联合建设，逐步建设成社区的综合性体育服务中心。"社区体育+社区配套服务"的复合化工程是目前社区建设的主要趋势。社区体育服务中心通常毗邻社区的居住区，建筑规模在5000平方米左右。社区内的居民在进行体育运动时，互相交流、互相合作，有利于凝聚、团结群众。另外，之所以要建设社区的服务中心，是为了展示和宣传体育运动，来吸引社区的居民参与到体育运动中去，促进全民健身。

（二）"社区体育+社区商业"

国家和地方政府在规划和发展社区商业时会更加注重它的公益服务属性，而不是它的商业价值。社区内的体育和社区商业的融合能够让居民在居住区内就能享受到体育运动项目。这种模式的工程同时也是社区的商业中心，要么就是社区体育综合体，建筑规模通常大于10000平方米。它的盈利渠道主要有以下两类：第一，主要的消费点设置成体育活动，次要的是提供其他类型的商业服务；第二，体育中心内建设公益性质的社区体育活动场所，利用这种方式吸引周边的人群来消费。

（三）"社区体育+体医融合"

这两者融合的作用就是通过运动来提高居民的健康水平。主要是为了提升我国国民的健康水平，达成体育强国、健康中国的战略规划。社区体育中心的主要功能需要设计成健身、游泳、跑步、瑜伽等有氧运动，让人们更加健康地运动。

第三节 城市社区体育中心的发展路径

一、符合城市整体规划

城市的空间结构蓝图就是城市总体规划，包含着城市的发展坐标、特点、理念。城市发展的有机构成就是建设社区体育中心，突出了城市发展的整体理念，按照空间格局、城市定位、地貌特征、人口规模、文化特色等因素恰当地规划它的配置、规格、位置、类型等，把这些部分引到城市的总体规划中去，还要设置适当的发展空间，让它和城市的发展相协调。社区体育中心的建设和规划要符合城市的经济发展水平，超前和落后都会造成不良的影响和损失。

二、体现城市的文化特点

城市形象的塑造需要借助其历史、风俗、文化等特点体现它的独特风格，城市发展的一种新模式就是文化影响下的城市发展途径。文化是城市风貌之所在，是城市特性的根本。社区体育中心建设应与城市文化紧密相联，突显城市的文化特征和个性，让文化传承带动城市的整体发展。社区体育中心建设应更加深入地利用文化来体现出城市的文化风韵，展示出城市的个性，推动城市的整体发展。总而言之，城市的发展过程中，还需通过自身的历史文化遗迹保护开发工程以及配套的体育运动健身场地，有机地融合文物保护、体育健身、园林休闲这些要素，还要通过冠名展示，继承城市的历史文脉，让城市的发展在文化的影响下更顺利。

三、和城市的自然景观结合

城市都拥有独特的地理条件，它独特的山水生态形成了独特的自然景观，变为一个城市的秀美名片以及记忆。城市的发展需要维护它、雕饰它、丰富它，而不能破坏，社区体育中心建设是城市发展的重要环节。目前，时代发展的潮流已经变成绿色、生态、低碳、环保，城市建设目标也转向健康、生态、宜居，社区体育中心的建设更要主动地与城市的自然景观联系起来，让居民健身的环境更加和谐。对城市来讲，首先要增加社区体育中心的绿地面积，开展园林的绿化和改造，比如城市体育运动公园；其次，我们还要综合开发众多的历史遗址保护工程，利用它里面的园林景观来进行健身园区的建设；最后要通过公园、林带、生态园林等景区来建设健身区域。利用这些生态工程使健身的区域更宽阔，能够将人文的景观带入湖河的生态中，使体育健身的生态情趣得到增强。

四、坚持以人民为中心的指导思想

为人民服务是社区体育中心建设的出发点和落脚点，我们在规划、设计和建设中时必须要顾及青壮年以及老残妇孺等不同人群的体育消费需求和水平。我们不仅要建设大型的体育场馆，还要建设中小型的健身长廊、健身园区、儿童乐园、健身路径，来让这些群体拥有各自舒适的体育空间。另外，要推进健身设施的管理与维修，遇到损坏的要及时处理，保证安全使用。每个区域的发展要更加均衡，不均衡的地区要创造条件实现均衡。一般情况下，老城区的地方较窄，我们要通过林带公园、楼宇院落、道路两旁的建设来弥补相宜体育设施的不足，凸显城市的人文关怀。当然，人文关怀不只体现在健身设施硬件的提供上，还体现在健身指导等软件方面的提供上，进行公益性的培训和体质测试，提供个性化的服务。

五、结合中国国情，体现民族特色

西方发达国家在城市发展的建设中提出了社区体育中心这个概念。例如，美国的社区体育中心通常是室内外场馆结合的形式，还包含了游戏、阅览、餐饮等活动。而中国，人多地少，民族风俗、健身习惯、管理体制等和外国不同，所以我们的建设难以照搬外国的模式，需要与实际相结合，建立自己的标准。社区体育中心就是为了方便群众的健身，根本准则必须为是否有助于中国人民开展中国式健身活动。我们必须立足于中国的实际，创建出有中国特色的社区体育健身规则。每个城市要根据本市的实际情况创建各种街头广场、健身园区、健身路径等，创建独特的健身模式。

第四章　城市社区公共体育服务

本章内容为城市社区公共体育服务，主要从四个方面进行了介绍，分别为城市公共体育服务的概述、城市社区公共体育服务的基本特征、城市社区公共体育服务的构成要素、城市社区公共体育服务建设与创新。

第一节　城市公共体育服务的概述

一、公共体育服务的概念

公共服务体系关键组成的一点就是公共体育服务，它们之间是从属关系。为满足公民的公共体育需要，公共体育组织提供的公共或混合物品包括公民最需要也是最基本的公共体育物品，还包括高层次高成本的公共体育物品。然而，按照《国家基本公共服务体系"十二五"规划》的基本理念，公共体育服务的范围应该只包括公民最现实、最需要、最直接、最关心的公共服务诉求，也就是给公民提供优质的、基本的公共体育服务以及基本的公共体育场所，而且是不包含高消费、高成本、高层次的体育需求。所以，这里所提出的公共体育服务的概念只是包含以政府部门为主的、目的是满足公民基本体育需求、提供给全体公民的公共体育产品与服务。

这个概念包含两方面：第一，政府部门是公共体育服务的提供主体，但是需要其他组织提供和补充必要的营利性体育服务形式；第二，公民最直接、最现实和最基本的公共服务的需求以及公共体育服务的基本标准不是固化的，而是会随着社会发展和生活水平的增长而提高和变化。

二、城市公共体育服务作用

（一）公共体育服务与经济社会发展阶段相适应

"公共服务"这个概念的形成和发展是一个历史进程，它无时无刻不在发展，公共服务范围没有永远不变的，它在不同的国家和不同的发展时期具有不同的形态和含义，也必然有相应的时空特征和经济发展历史背景。为适应社会经济发展的需要，西方发达国家的公共服务经历了从无到有、从少到多的漫长变化，我国公共服务的发展亦应遵循这一规律。现在，我国的社会正从全面小康过渡到现代化社会、从生存型社会转变为发展型社会，所以社会的公共需求也正在全面快速地增长，需求的变化主要表现为速度、结构及人群的变化。

从公共体育方面来讲，因为城乡、民族、地区、文化和经济发展等方面的不同，所以我国群众的公共体育服务需求也各不相同，表现出来的是一种动态的、差异性的发展。某个国家、某个地区和某个民族特定的公共服务内容，对另一个国家、另一个地区和另一个民族来讲，可能并不算是公共服务内容，这一点在城市中表现得尤为突出。公共体育服务在内容、形式、范围和服务供给侧重点上的不同也是由这些不同的条件决定的。因此，城市公共体育服务的建设与完善也只有依托于不同的经济社会发展阶段才会具有更强的现实意义。

（二）公共体育服务客体是全体社会公众

新的公共服务理论的重点就是"为公民服务，而不是为顾客服务"，以及在为公民服务时的"公平和公正"是必须考虑的一个重要因素，从而使更多的人履行自己的义务，并使政府可以关注到民众的诉求。

公共服务要始终坚持以人为本，要立足于满足群众的需要、方便群众的生活、改善群众的生活质量，公共服务建设出发点和最终归宿都始终是要维护好、实现好、发展好最广大人民群众的根本利益。我国宪法规定了人人享有体育方面的法定权利。因此，全体社会公众才是公共体育服务的最终目的，要以公众的体育需求为导向。强调"全体社会公众"是公共体育服务的客体，一方面是为了体现出公众享有人人平等的公共体育服务，即要关注不同群体的利益，特别是弱势群体的利益，在城市中尤其要关注外来务工人员的利益，要把弱势群体纳入公共体育服务保障的范围之中；另一方面意在强调社会公众不仅是公共体育服务的消费者或享受者，还是公共体育服务的决策者、监督者和评估者，正如弗里德里克森所说，民众是政府的"所有者"。"所有者"这一概念具有主动性，它可以决定政府的议程，更符合人民的地位，社会公众的行为对公共体育服务的数量、质量、公平性等方面都具有影响力。

（三）公共体育服务需运用公共权力或体育公共资源

公共部门又叫作"公共权力部门"，指的是通过公共权力向社会提供公共服务的部门，包含政府部门和准公共部门。准公共部门指的是在政府部门和营利部门之间，包含公共企业、公共事业机构和非营利性组织。政府和非营利性组织具有公共性，是一种掌握公共权力的组织。不同的是，政府是官方，行使的是"特殊的公共权力"，而非营利性组织来自民间，行使的是普通的、原始意义上的公共权力。公共资源主要是用来生产公共服务，大部分是财政资源、自然资源、信息资源、公共人力资源。体育公共资源既包含有形的，如体育管理人员、社会体育指导员、体育志愿者、体育场地设施、体育经费等，也包括各种体育信息、科研、制度、政策法规等无形资源。公共资源和其他资源的最大不同就是它的设置要实现最大化的社会价值。

国家行为介入的一种服务活动就是公共服务，我们要通过"公共权力和公共资源"，用政府花钱或由政府主导花钱的形式向社会提供公共产品和服务，并且提供方式及其所使用的权力与资源的性质是判断一种服务是否属于公共服务的关键。在一个社会中，由社会公众产生对服务的总需求，而各种需求可以通过不同方式得到满足。私人服务和公共服务是一个社会总的服务的两部分，公共服务和私人服务是相对的。假使一种体育服务的开展没有通过公共权力或体育公共资源，那么就是一种纯粹的民间行为，不是公共体育服务领域而是体育的私人服务领域；倘若政府通过某种方式参与，比如特许经营、财政资金、项目委托等，并在某种程度上落实国家的意志，这就属于公共体育服务的范畴，例如，如果营利性体育俱乐部有政府的特许或者使用了体育公共资源，那么就参与了公共体育服务的提供。

（四）公共体育服务以满足基本体育需求为导向

满足民众的公共需求就是政府存在的意义。公共需求指所有社会民众所共同的需求，通常具有非排他性、非竞争性，这些特质决定了市场是难以有效满足公众的需求，只有利用公共部门特别是政府部门才能有效满足公共的需求，即要政府及相关部门利用公共资源发展公共体育服务。然而，公共需求有同质性需求和异质性需求之分，同质性体育需求体现的是社会成员所共有的根本利益，是个体对社会的基础需求；异质性体育需求是根据社会成员的民族、性别、收入、年龄等因素而划分的不同层次的需求，比如，残障人群对健身场地设施的特殊需求等。同质性体育需求又是异质性体育需求建立的基础，和同质性的体育需求比起来，只有部分人拥有异质性的体育需求，所以具有多样性的特点。

异质性体育需求是难以单凭政府而满足所有人的，即使要满足异质性体育需求也要从中进行选择，特殊群体（如弱势群体）的体育需求往往具有异质性需求的特点，因此，他们的体育需求也要通过采取特殊措施的方法来满足。

公共体育服务要以社会公众的基本体育需求为导向，目的是强调在公共体育服务供给中要重视对社会公众体育需求的调查，要将社会公众的需求偏好及表达、服务满意度、服务供给决策、监督、绩效评估等的民主参与作为供给制度与机制设计的出发点和落脚点，要合理地衡量社会公众体育需求层次的差异，然后结合资源能力来界定公共体育服务的内容、水平、范围及优先供给的顺序。

（五）政府承担公共体育服务的最终责任

新的公共服务理论认定政府的主要作用不是掌舵而是服务，并且认为公务员需关注的除了市场还有社区价值观、宪法法律、职业标准、公民利益和政治规范等。新公共服务理论还十分明确地重视政府在公共服务提供中的作用。

政府因为拥有着体育公共资源和公民给予的公共权力，所以就需要把利用公共权力和体育公共资源让社会公众能够获得公共体育服务当作根本任务。政府虽然有责任提供公共体育服务，也必须介入其中，但并不一定需要自己直接生产和包办。这是因为公共体育服务的实现形式与途径是多种多样的，它的提供主体同样如此，不仅包括公共的行政机构，比如体育行政部门、园林规划部门，而且还有专门的公共服务机构（事业单位），比如学校、体育科研院所，甚至可以是具有公共性质的民间组织。民间的部门或者组织，比如私人体育俱乐部不是公共的组织，但是政府一旦有了行为的参与，比如政府利用特许经营、合同承包等途径加入了这些组织的活动，就使得这些组织在维护其民间性质的同时有了公共性，变为落实国家意志、提供公共体育服务的途径。在推进公共体育服务时，不论谁来提供服务，不论通过怎样的方式来提供，都必须也只能由政府来为公共体育服务负责。

三、城市公共体育服务的基本原则

公共服务的建设与完善首先要明确公共服务的基本原则，它是公共服务精神实质的体现，是决定公共服务制度、模式和方式的基本指导思想。公共服务基本原则的确定能够补充目前我国公共服务正式制度的不足，可以避免现实中公共服务的发展走入岔路，让公共服务的实践在正确的道路上发展。

（一）与经济社会相适应原则

一个国家或地区的经济发展水平决定基本公共体育服务的实施水平，影响基本公共服务均等化的一个决定性因素就是经济发展水平，具体表现是城市公共体育服务的发展需要和经济发展水平相协调。西方国家公共服务的发展和改革是发展膨胀到削减瘦身的过程，这体现了公共服务的内容、范围、规模必须要在经济条件可控的范围。如果持续地提高公共服务的支出比例，就会给国家或地区的经济增长造成一定的负面影响，甚至最终也不能提高公共服务的水平。公共服务的完善是一个循序渐进的过程，必须根据本国的实际建设有本国特色的公共服务模式和公共服务体系，并使之社会化和法治化。服务模式和体系的健全要逐步进行，不能揠苗助长。扩大公共服务覆盖的面积和提高公共服务的水平都要按照经济社会发展的水平而合理安排。城市公共体育服务的发展亦应坚持立足实际，按照城市经济发展的阶段和政府公共财政的承受能力科学地调整公共体育服务的含义和结构，循序渐进。我们要使公共体育服务水平随着社会经济的发展提高，稳定地增加公共服务的内容，使涵盖面更广，来保障服务的可持续。

这个原则还表现为城市公共体育服务要有重点地发展，要建立不同服务内容、区域（社区）和人群的优先供给顺序。所谓"服务内容要突出重点"就是要以满足社会公众基本的体育需求为重点，在体育公共资源与供给能力有限的情况下，政府应该根据居民体育需求的情况优先公共体育服务的供给，关注"民生"，优先保障社区居民的基础体育需求，尽力优化体育公共资源的配置，努力使服务的供给效率和水平得到提高。在公共体育服务空间及人群上，城市政府部门应做到市中心和郊区的统筹协调发展，并向郊区和农村侧重，在对象上关注并倾斜特殊群体，以缩小市中心与郊区、不同收入阶层之间的差距，促进区域（社区）、人群间的均衡协调发展。

（二）公平性原则

人类社会发展过程中理性的价值追求就是社会公平，公平代表着人们在确定的评价标准下对客观事物的相对主观的感受，绝对的公平是不可能的。公平原则的基础含义是相同的情况下的平等对待，不同情况才要进行区别对待。政府干预公共服务的重要原因就是公共服务的公平性，全体人民平等地享有公共服务的权利，有相同情况的公民都应有相同的公共服务法律地位，每一个到达法定条件的公民都应有享受公共服务的相同权益，公民在享受公共服务的过程中应受到平等的对待。我国的《体育法》《全民健身条例》《全民健身计划纲要》出台的目的都是保障人民能平等地享受公共体育服务。

正义也决定了公共服务所要追求的那种"平均、平等或相等"的状态，它不仅是达成社会正义的内在需求，同时是社会公正的重要保证，因此社会公平和正义必须接受价值方面的一个指导。以下三个方面体现了城市公共体育服务的公平性原则。

第一，机会公平。它指的是公共体育服务所有参与者的竞争机会不会因为家庭背景、自身能力和一定环境等方面而丢失或者增多，他们的起跑线都是相同的。

第二，过程公平。它也叫作"规则公平"，意思就是公共体育服务的所有参与者面对的制度或秩序都是相同的，绝对没有对某个群体有利或有害的部分；不仅要确保公共体育服务政策制定上的公平，还需确保公平地实施公共体育服务法规政策。

第三，结果公平。它指的是民众在接受公共体育服务后，所获得的结果是平等的，这种结果应当在合理的区间当中维持。

这其中最重要的是第三个，因为机会以及中间的过程都服务于最终的结果。城市体育服务的公平性原则需要均衡地配置不同区域（包括社区）、不同服务内容、不同人群和时间上的体育资源，避免因为体育公共资源的过分集中导致的不良结果。要慢慢消除不同，充分保证每个人都能享有平等的公共体育服务。

（三）政府主导原则

公共体育服务的运作由政府主导是有着必然性和合理性的。政府把握着体育公共资源以及人民赋予其的权力，它的责任就是借助体育公共资源和权力来使人民可以享受到某种体育方面的公共服务。政府必须介入公共的体育服务，也就是必须主导公共服务运动的整体运作。在公共体育服务的属性方面，有一些公共体育服务则具有公共或准公共的属性。这些属性和特征决定了私人部门或非营利性体育组织不能完成这个任务，同时难以全部通过市场化机制和自愿机制来提供服务。所以，公共体育服务的提供者和担责者必须是政府，它主导着社区体育服务的提供。另外，只有这样，我们才可以立足于社会全体成员体育方面的相同需求（特别需要注意弱势群体的体育健身需求），保障公共体育服务本身存在的服务性、公正性和公平性，保障维持并发展公共体育服务所需的大量公共资源。政府对公共体育服务的主导主要体现在以下几点。

（1）政府主导着公共体育服务的决策

这就要求政府在公共体育服务的供给中分开决策和执行，政府必须脱离具体的服务生产过程，当好服务政策制定者、监督者和其他供给主体服务绩效的评估者，凭借着制定科学合理的政策来有效地利用体育的公共资源。

（2）政府主导着公共体育服务的法规、政策制定、体育事业发展的规划和研究

政府要坚决地把握住服务提供的决策权，主导着公共体育服务相关法规和政策的制定。

（3）政府在公共体育服务决策方式的创新中发挥主导作用

政府要想创新服务决策方式，就必须确立社会目标优于经济目标的决策原则，并且在决策方式的创新中鼓励社会公众个体和各种体育组织通过不同的方式参与到公共体育服务的决策中来。

城市公共体育服务的提供主体和责任主体是政府，同时政府要发挥主导作用。这说明，在提供公共体育服务的过程中，一方面要强化政府提供的服务；另一方面政府也有责任保障私人部门、非营利性体育组织等主体能够充分地参与到服务提供的各个环节当中。政府要鼓励、引导各方面力量的服务参与，既要借助私人部门和社会组织的优势与能力来生产和提供某些服务，充分发挥它们的作用，形成政府主导、社会参与的供给机制，又要发挥它们在服务决策，服务绩效评估、服务监督等方面的作用，以形成公共体育服务的共同治理结构，实现服务中政府与私人部门、非营利性体育组织等的良性互动。

（四）以人民为中心原则

新的公共服务理论的重点在于人，而不只是强调生产率，体现了"以人民为中心的"思想，重视的是最广大人民群众的根本利益。公共服务是政府重要职能的其中一个，目的是满足人的需求，立足于尊重人的基本权利和维护公众的共同利益。以往的陈旧公共服务通常用行政计划取代公众意愿，用精英设计取代公众的参与，工作的重心也不在公众的需求和偏好上。公共体育服务是公共服务的核心构成部分，它满足社会公众的体育需求的人本价值也应表现出来，能够展示出社会上大部分人的体育需求和偏好。"以人民为中心"在提供公共体育服务的过程中体现在以下几个方面。

政府部门在提供公共体育服务时不要扮演"恩赐者"的角色，要具有服务意识，要防止在服务提供中出现不顾客观实际，急功近利，热衷于搞"形象工程""政绩工程"，要克服那些注重服务形式、场面、数量而忽视服务内容、实际效果、质量等的形式主义做法，要把居民的满意度作为衡量公共体育服务的标准，要真正做到"情为民所系，权为民所用，利为民所谋"。

在提供公共体育服务时，政府需要意识到全体公众才是它的服务对象，而不是少数人，我们要使全体人民都能享受到改革发展的红利；还需要意识到公共体育服务既要考虑当代人的体育运动的需求，又要把后代人的需求考虑进去，实现公共体育健身服务建设发展的可持续。

在提供公共体育服务时，政府需要坚决地立足于广大人民群众的需求，首先要满足公众的体育需求，按照公众的体育健身需求来决定服务的内容和范围，强调调查社会公众的体育健身需求。政府在提供公共体育中必须立足于保障和维护公众的公共利益，安排和制定服务制度和政策措施时要"以人民为中心"，重点保护"人"的利益。

在公共体育服务提供中，政府需要按照需求层次的差异来提供个性化的服务。政府采取相对公平的方案来解决公共的体育问题，不仅仅在于为所有人提供服务的公平，同时还代表着需要提供高层次的服务给有需要的人群。政府要在提供公共服务的时候时刻关注着民生和民意，最大限度地展现出多元化的服务，还要根据地域情况来提供个性化的服务，展示出公共体育服务的地域差异。意思就是，我们在提供服务时需要考虑多元化的需求，既要考虑到人民在体育场地设施等方面的需求，还需借助体育来考虑群众在精神方面的需求。

要求政府在提供公共体育服务时要突出便利性、普遍性。例如，服务场地设施要坚持经济适用，配套服务，方便群众，要让群众能够只花费较短的时间或通过较近的路程即可接近场地设施的原则；体育活动的开展要注重主题化、多样化、经常化、小型化；体质监测服务要突出干预、追踪等的作用；体育信息提供（特别是政务信息的提供）要尽可能地做到公开化，各类体育指导信息、活动开展信息等要贴近群众、讲求实效等。

（五）制度化原则

公共服务是一个工程体系，它发展的有序性包括人才、资金、政策制度、科技等诸多方面。以下这两个变量决定了公共服务的水平，分别是制度安排和经济能力。但是，我国公共服务的城乡、区域和不同群体之间的平衡已经被破坏，它的主要原因就是公共服务制度的不完善、未形成有效的制度，公共服务指标软化的原因就在于公共服务的供给中还未形成规范的分工和问责制度。另外，在发展过程中，我国城市的公共体育服务中的诸多问题之所以出现，以及公众对公共体育服务之所以不满意，是因为我国公共体育服务的法治化程度较低、政策和法规的制定也比较落后、各种制度建设也不够完善，并不能在制度上充分地保障公共体育服务，发展动力的不足，通常是由制度的缺陷造成的。

公共服务制度的完善是解决公共服务不到位、基本公共产品短缺和公共需求的全面快速增长之间突出矛盾的根本途径。所以，良好的制度环境是有效提供城市公共体育服务的必要保障，服务提供的良性运行只有在一个法律法规健全的环境中才能实现；公共体育服务提供主体和客体的共同利益也只有制度化才可以保障。现在，许多国家已经在国家的法律条文中规定了提供基本公共服务，完善的制度保障了城市公共体育服务的供给，它也是一种必要的途径。

第二节 城市社区公共体育服务的基本特征

一、地域性

所谓"地域性"，就是指城市公共体育服务要基于不同地区经济社会的发展、文化背景、体育需求和供给能力和对某种体育服务的偏好等因素来确定服务范围和提供服务。城市公共体育服务的地域性表现为市中心和郊区、不同社区间的差别。从历史上看，公共服务是一个逐步发展的过程，会随着社会经济的发展和人们对于政府的观念的变化而不断调整和发展。实际上，政府提供公共服务的范围和数量不仅与公众的公共需求直接相关，而且还受到经济发展水平和政府能力的制约。

从需求的角度来看，城市公共体育服务就是要满足社会公众的体育需求。然而，人的体育需求是发展变化的。根据马斯洛的需求层次理论，在纵向上，人的需求始终处在一个从低层次向高层次不断发展的过程，低一层次的需求得到满足后，就会向更高一级的层次发展，追求更高层次的需求，表现出一种无止境的发展；在横向上，一个人在同一时期可能有多种需求，不同年龄、职业、性别、地区、民族的人在需求上总会表现出一定的差异。无论是纵向还是横向，人的需求都会表现为动态的变化，由此决定了公共体育服务的地域性。

从经济社会的角度来看，城市公共体育服务的发展与经济社会有着密切的联系，由于国情、地区、民族、文化和经济发展水平等方面的差异，不同国家、地区和民族的公共体育服务内容存在着明显甚至相当大的差异，从而表现出动态性，类似于昨天的公共产品放在今天可能就是私人的产品了，反之亦然。

从政府的角度来看，城市公共体育服务的供给取决于政府意志，即政府有无意愿以及能够在多大程度和多大规模上提供公共体育服务；同时，也取决于政府能在多大程度及多大规模上筹集到可用于公共体育服务的资源，这是建立在经济基础之上的。也正是政府提供服务的意愿和筹措服务资源的能力决定了公共体育服务在范围、内容、标准等方面的地域性。

城市公共体育服务的地域性要求我们不能以一成不变、静止僵化的观点去看待公共体育服务的变革需求，而要通过公共体育服务理念的更新来满足城市社会发展的需要，实现与社会现实相协调。这就要求政府提供公共体育服务的能力和水平要适应不断扩大的体育公共需求，从更广的范围、更高的层次上以更加公平的方式提供服务。

二、普遍性

城市公共体育服务的目的就是要满足社会公众的体育需求，实现公民基本的体育权。随着经济社会的发展，城市居民在体育需求方面的内容及结构也在不断产生变化，因此城市公共体育服务的内容与结构必须依据体育需求内容和结构的不断变化做出相应的调整。但是，这并不意味着城市公共体育服务的生产和提供应偏向某个群体，它的服务对象应该是全体的城市居民和社会的各个群体，让每个人都能够享受公共体育服务。另外，政府还必须持续地增大公共体育服务的覆盖面和影响力，尽可能让广大群众都充分享受各种体育服务发展的成果，让公共体育服务切实为全体居民而服务，来适应城市居民基础的体育运动健身需求。城市公共体育服务的满足与实现程度是衡量社会进步与文明程度的重要指标。

三、公益性

城市公共体育服务体现了公共利益，公共体育服务的发展完善主要是为了满足普通公众基本的体育需求，而不能以追求经济利益为目标，必须始终强调服务的公益性，要把社会效益放在首位。强调服务的社会公益性并不代表公共体育服务都是完全免费的，或者说并不是绝对的福利性；政府所提供的公共体育运动健身服务大致上是公益的，然而某些服务也要收取一定的费用。通过公共权力或体育公共资源，政府可采取购买、补贴、配送等方式，来保证公共体育服务以免费或优惠的方式向社会公众提供。

四、有限性

随着城市经济社会的发展和居民生活水平的提高，势必会导致体育需求不断发生变化，呈现出多样化和上升的趋势。同时，这些体育需求又存在基本的和非基本的区别，这就对公共体育服务提出了更多与更高的要求。

公共体育服务是动用公共权力或利用公共资源的活动，政府虽然掌握着社会的一切体育公共资源，但其所能支配的体育公共资源和财力也是有限的，因此，政府不可能包揽一切公共体育服务，也没有理由或依据要求政府提供所有的公共服务，政府只能在公共服务的提供上"有所为，有所不为"。政府所能提供的服务不可能满足城市居民所有的体育需求，只能将有限的财力集中于必须由政府投入才能有效满足其需求（基本需求）的公共服务上。事实也证明，政府所提供的公共体育服务一旦超越其自身的能力范围，服务的效能就很难得到有效保证。

第三节 城市社区公共体育服务的构成要素

一、体育活动场地设施的规划与建设服务

我们需要加强规划、建设和管理各级各类的公共体育场地设施，确定建设标准、服务内容和服务标准。还要建立并完善包含街道、居住区、体育中心、学校、社区等公共体育设施的体育运动健身服务网络，提供多种优惠、多时段、多层次、多区域的多元化体育健身活动服务。

（一）社区体育场地器材建设

1. 重要意义

社区体育场地器材的基本建设，包括制订建设计划、组织设计和进行施工等一系列工作。它不仅决定了场地器材本身为社区体育服务的能力，还直接影响到社区体育发展的水平和规模。只有不断建立和完善社区体育的场地器材，才可以充分地提高社区成员参与体育活动的积极性，才能推进社会体育的进步和变革，才可以进一步保证全民健身计划纲要的落实。

（1）可以为社会体育的发展提供重要的物质保证

社区体育场地器材是社会体育发展的物质条件，它保障了社会体育的发展，只有少量简陋运动设施的社区进行高水平的全民健身活动是不太可能的。我们必须最大限度地提高现有社区体育场地器材的利用率，持续扩展新的社区体育运用

区域，关注社区体育器材的维修和养护，这样才有利于我国社会体育的可持续发展。

（2）可以促进其合理布局

社区体育场地器材的布局是否合理严重影响着它们利用率的高低和各项社区体育运动健身育运动项目的开展。我国目前的社区体育场地数量严重不足，布局也是非常的不科学。借助社区体育运动健身场地器材的建设和完善，既能够使它们的数量增加，也能够依据建设完整社区体育运用健身场地器材的总目标，使它的布局更加科学，促进我国的社区体育场地网络体系的逐渐形成和完善。

（3）可以推进我国社会体育的现代化进程

社区体育场地器材的建设状况，是衡量一个国家社会体育发展水平的重要尺度，这是因为安置合理、设备先进的现代化社区体育场地器材是当代社会体育发展不可或缺的物质条件。只有不断改善社区体育场地器材的建设状况，才能推进我国社会体育发展的现代化进程，把我国建设成为世界体育大国。

（4）可以更好地满足人民群众的健身娱乐需求

社区体育运动健身场地的器材属于非生产性的固定公有资产。它不仅属于社区成员的公共消费设施，而且是他们参与各项体育娱乐健身文化活动项目的重要地点。因此，加强社区体育场地器材的建设工作，不但能够加大非生产性的固定公有资产，提供更多的物质条件来促进社会体育的发展，也能够更好地满足社区成员的健身娱乐需求。

2. 基本原则

为适应社会主义市场经济体制和社会体育改革与发展的要求，我国社区体育场地器材的建设应遵循下列基本原则。

（1）加快建设和积极开发社区体育场地器材

各级政府需根据国家在城市公共体育设施用地定额指标方面的具体规定，在城市建设规划和土地利用总体规划中体现出社区体育场地的建设，科学布局、统筹安排，重点加强老城区内的社区体育场地器材的建设。社会及个人投资兴建社区体育场地器材是被国家鼓励的，国家给的优惠政策可以用于土地使用、资金贷款等方面。此外，严禁侵占、破坏社区体育场地器材。

（2）把新建社区体育场地器材和改造扩建现有社区体育场地器材结合起来

新建和改扩建，是社区体育场地器材建设工作的两种形式。

新建能增加社区体育场地器材的数量，改善其布局，促进社区体育场地形成网络；改扩建时间短、投资少、收效快，能迅速提高社区体育场地器材的服务能力。只有将这两种形式很好地结合起来，才能使建设社区体育场地器材走上内涵式的发展道路。

（3）提高建设社区体育场地器材投资的经济效益

投资建设社区体育场地器材的经济效益，是指社区体育场地器材所花费的建设资金与其所提供的社会体育服务之间的比例关系。提高了建设社区体育场地器材投资的经济效益，就相当于用同样的建设资金建立了更多更好的社区体育场地器材。这既为国家节省了建设资金，又为社区成员创造了更好的锻炼环境，也在一定程度上推动了社会体育的发展。随着新科技在体育领域中的广泛应用，出现了使用各种新材料建造的社区体育场地器材，这必然增加了建设投资。因此注重提高建设社区体育场地器材投资的经济效益，就有了更为重要的现实意义。

（4）应坚持基本建设的程序

社区体育场地器材的建设属于非生产性的基本建设。它同任何基本建设工作一样，必须按照"规划—勘探—设计—施工—验收"的程序来进行，这是基本建设规律的客观要求。如果违背了这个程序，就会使社区体育场地器材的建设缺乏科学性，难以保证质量，甚至还会造成巨大的经济损失。

（二）社区体育场地建设

1. 选址

为了方便社区的居民能够在新建的社区体育运动健身场地上科学合理地锻炼身体，我们在选址时需按照以下几个原则。

第一，我们在进行选址时，需最大限度地借助自然环境、天然地形以及电力管网、城市上下水等公共设施。这么一来，既能够节约建筑的投资资金，又可以节约日常保养维修和运营的成本。同时，我们在选址时还要避开可能遭遇洪水、滑坡、冲沟等地段，还有类似政府部门、医院等公共建筑物。

第二，在最大限度地考虑到人口分布、方便群众、人流疏散、距离适中等影响的基础上，宜使用分散式布点的方式。

第三，地址还应该选在阳光充足、海拔较高、利于排水、绿化较好、空气新鲜的地方。另外交通最好方便，不要靠近工业区。

第四，社区体育场地还应建设在南北的方向，如此能够防止早晚的阳光直射。另外最好不要建在主导风向上。

第五，不要把社区体育场地建在上空有高压输电线路等障碍物的地方。

第六，社区体育场地的周围应在法规允许内安装防护栏杆、挡网等，还要规划树木的栽种、草坪的铺设。

2. 总体布局

社区体育场地建设的总体布局一般是指体育场地在城乡社区内的空间分布与组合。它是建立完整的社区体育场地体系的前提条件，是带有战略性意义的问题。社区体育场地建设的总体布局合理，就能够有效地增加其经济效益和社会效益，促进社会体育持续、快速、健康发展。社区体育场地建设在布局时应遵循下列基本原则。

（1）方向性

以城市建设规划的总方针和发展社会体育的工作重点为依据，合理确定社区体育场地的布局类型。

（2）适用性

为便于社区成员进行身体锻炼和开展社区体育运动会，社区体育场地建设的总体布局要处理好体育场地与居住区之间的关系。

（3）绿化性

社区体育场地要尽量增加绿化面积。通常绿化面积应占整个用地面积的30%以上，达到美化环境，改善场地内的小气候状况的目的。有条件的地方还可以建成体育公园。另外也不能忽视场地四周景观的陪衬作用。

（4）经济性

合理制定社区体育场地的建筑标准和规模，使社区成员能够非常方便、实惠地参与体育健身活动，发挥建筑投资的最大效益。

（5）可行性

社区体育场地的总体规划要与城市总体规划相协调一致，并通过社区体育场地的建设对城市改造和现代化进程有所推进。

（6）美观性

在经济、适用的前提下，突出社区体育场地的独特风格，创造良好的建筑景观。

（7）灵活性

要为社区体育场地今后的发展与变化留有适当的余地。此外还需指出的是，由于建立完整的社区体育场地体系是一个逐步实现的过程，因此在布局时必须充分考虑到国民经济、社会发展与城乡建设规划等方面的要求，把布局工作和城乡建设结合起来进行。

3. 规划

社区体育场地建设在规划时，应根据该地区的地形、地貌和气候等自然条件，调查当地居民的人口数量、密度及所爱好的体育运动项目，并结合当地的实际情况、远景规划和社会体育的未来发展趋势等，确定社区体育场地的类别和面积大小。

在具体规划时，必须要做好以下三个方面的工作。

（1）依法规划

《中华人民共和国体育法》第四十五条规定："县级以上地方各级人民政府应当按照国家对城市公共体育设施用地定额指标的规定，将城市公共体育设施建设纳入城市建设规划和土地利用总体规划，合理布局，统一安排。城市在规划企业、学校、街道和居住区时，应当将体育设施纳入建设规划。"现行的《城市居住区规划设计规范》，具体地讲明了小区、城市居住区、组团的公共文体设施控制指标。该规范明确地规定居住区每千人文体设施用地面积为200~600平方米，建筑面积为100~200平方米；小区用地面积为40~60平方米，建筑面积为20~30平方米；组团用地面积为40~60平方米，建筑面积为18~24平方米。我们在规划社区体育场地时必须要严格地落实相关法规和标准。

（2）政府推动

我国的土地是国有的，只有政府的主管部门才能够依法规划和审批土地，所以社区体育场地用地的规划需要政府来主导。

首先，主管部门应严格执法。城市政府的规划部门或国土规划部门要按照有关的法律和规范在城市总体规划和地区详细规划中考虑到社区体育场地用地。相关部门在审批居住区、小区建设方案时要坚决以公共体育设施的用地定额指标的依据，没到规定的指标的不予通过。针对没有贯彻公共体育设施用地指标的单位和项目要依法处置。现在任务的关键就是落实好旧城改造、新区建设、综合开发过程中的公共体育设施用地的固定指标。

其次，相关部门应高度重视。市长和区长要有意识地促进发展社会体育、建设体育设施，把这项工作当作为市民办实事的中心工作。只要在城市的建设和开发中落实社区体育场地的用地指标，就能使城市的发展和整体经济效益得到进一步提高。其实，社区体育场地的建设情况和城市的绿化率、污染的治理水平是同样的，它们都属于一个城市文明和现代化的重要体现。它在一定程度上也是城市规划部门和开发商现代文明意识和经营理念的体现。

最后，立法机关应加强监督。可以在适当的时候，由市、区人大组织《体育法》及相关法规、标准执行情况的专项检查，检查行政首长和政府有关部门履行职责的情况，督促落实社区体育场地的建设规划。对城市重要街区的建设改造方案及重要体育设施的建设项目要举行听证会，广泛征求市民的意见，把社区体育场地器材的建设情况置于市民的监督之下。还可以通过组织人大代表进行专项考察、组织新闻媒体进行有关调查或组织专家学者召开专题研讨会等方式，来吸引社会各方面重视规划工作，强化舆论氛围，并提高全民参与的积极性。

（3）开阔思路

我国大中城市老城区的交通设施、绿化用地、文化体育设施、居住用地的矛盾十分明显，所以我们在进行社区体育场地的规划时一定要把思路打开。因为社会主义市场经济和城市建设的进一步发展和居民生活水平的进一步提高，社区体育场地的建设也需跟着时代的发展进步。例如，产业结构的不断优化和调整会让高耗能、高污染以及不再具有竞争优势的企业离开市区；城市建设中的大规模旧城改造和综合开发又会在一定范围内重新配置土地资源，这都是社区体育场地建设发展的良机。

总而言之，用地规划部门的统筹考虑、城市主管领导的高度重视、体育行政部门的积极参与，这些保证了社区体育场地的建设和规划。

二、体育活动组织的建设与发展服务

政府需要建立各种体育组织，特别是要增加街道、社区的基层体育运动健身组织的数量，扩大体育组织的规模和组织活动的体育人口；还要有效地提高体育组织的服务质量以及工作效率，建立和发展体育社团以及体育骨干的培训、培养系统，使社区居民有组织地开展体育活动。

三、体质的监测与监控服务

我们还要建立健全的居民体质监测服务系统，促进居民体质的研究工作和体质监测服务，落实体质监控以及追踪研究，按时公布体质监测的结果，建成居民体质监测的预防系统，使居民能够关注自身的体质和身体健康水平。

四、科学健身的宣传与指导服务

我们要促进公益性和职业性社会体育指导员制度的落实以及体育运动健身指导工作的开展，全力开展体育健身咨询、体育健康发展和科学健身的宣传教育活动，促进全体育运动健身的科学化。推进社会体育指导员的培训工作，贯彻落实分层培养和分类指导的机制，增加社会体育指导员的数量，提高这个群体的质量。

五、体育活动的组织与宣传服务

我们要组织和进行多元化的、多姿多彩的群众性体育运动健身活动，积极地宣传和举办各种体育展示、竞赛以及表演活动，吸引广大居民参与，提高体育活动效果。大力提倡体育项目创新，积极创编和引进适合不同人群的新型体育活动项目，推广和资助群众欢迎、有较好健身作用的体育项目。

六、体育信息网络的构建与咨询服务

我们还要促进公共体育服务信息化的建设力度，搭建体育服务的公共平台，形成包含居民信箱、互联网、宣传栏、广播电视、电话热线等多种方式的信息沟通体系。加强体育宣传教育的力度，给居民提供体育情报以及体育咨询服务。

第四节　城市社区公共体育服务建设与创新

一、社区公共体育服务建设策略

（一）明确和强化社区公共体育服务主体责任

立足于进一步提高城市社区公共体育服务质量的目标，我们必须在开始的时候就明确和认识到社区公共体育服务的主体责任。因为不管什么形式和内容的"公共服务"，政府都是最主要的供给主体，所以这也就需要政府部门能够立足于社会建设、社会治理等方面，切实增强自身在社区公共体育服务方面的责任和任务。从整体上讲，政府部门需要解决基础的体育设施建设问题、健全各项体育设施，并监督和维护后期的使用。按照不同地区的实际情况，调控设施的配置、服务和管理等内容，以适应不同地区的需求差异。另外，我们还必须向社区居民宣传体育运动锻炼方面科学、健康的知识，提高社区居民参与体育活动的积极性，给社区居民提供相对安全的体育活动的健身指导。

（二）做好体育运动宣传、激发群众体育运动热情

提高城市社区公共体育服务质量，一方面是场地、设施、设备的完善；另一方面则还需要增强社区居民投身和参与体育运动锻炼宣传、引导力度，还有群众体育运动健身的高昂热情。城市的生活环境、条件与传统农村的生活环境、条件有很大的差异，由此使得城市社区居民逐渐不适应劳动、锻炼，就算是一些出身于农村的老年人，同样也不喜欢劳动和锻炼了，何况是休闲健身意义上的体育运动项目。针对这种情况，我们必须进入社区的基层以及企事业单位、学校，在社区内尽力地宣传好社区体育运动，使社区内的所有人意识到体育运动锻炼的重要性，与此同时能够借助各种群众性的体育赛事项目，提高居民群众观看、参与体育活动的积极性，让他们慢慢形成体育运动的兴趣爱好。

（三）呼吁社会力量的帮助和支持

开展城市社区公共体育服务的支撑和保障就是大量的资源，然而只靠着政府的财政拨款，那么政府财政的压力是十分大的，有可能会严重限制本身各项工作的进行，甚至于不能完全解决高品质公共体育服务供需的矛盾。因此，政府必须

积极主动地借助社会力量的协助与扶持，比如各个企业以及文化团体，在物质上、资金上、人员上贡献出力所能及的力量，解除开展城市社区公共体育服务各项工作中会遇到的资源方面的限制，有效地提高公共体育服务的质量。另外，政府也能借助一些渠道来帮助这些单位，比如可以在体育设施设备和各项社区体育活动中宣传企业、文化团体，实现双方的共赢。

（四）加强社区公共体育服务管理

社区公共体育服务工作能够高效、长久、有序推进的重点就在于管理。第一，政府部门需要按照当地的具体情况来制定规章和制度，结合当地政府和社区的共同力量来建设社区体育设施，为社区提供更好的体育服务。其次，用法律的手段来对社区体育公共资源进行监督和管理，保障社区公共体育服务管理制度可以得到有效实施，提高监管的力度，对体育设施的资金加强监督和管理，让这些资金的使用更加透明化。同时，还要将政府、社区等力量结合起来，共同打造具有特色的社区公共体育服务，将社区公共体育设施的利用率提高，利用先进的管理理论、先进的管理思想、科学的管理手段，将社区公共体育管理服务做得更好，促进社区公共体育服务的发展。最后，还需要分社区做好对公共体育服务工作的绩效考核，发现以往存在的问题，不断地对其进行改进、优化，进一步提高公共体育服务质量和水平。

（五）加强人才的培养和引进

除了设施、制度等方面的策略之外，要想真正提高城市社区公共体育服务的质量，我们还必须要从人本理念的角度出发，认识到人才是决定社区体育公共服务质量的核心要素，加强对公共体育服务人才的培养和引进。例如，在学校教育方面，应当尝试开设专门的公共体育服务课程，将体育专业和社会治理专业结合起来，培养出能够真正推动和促进城市社区公共体育服务事业发展的综合性人才。同时，要加强对人才的引进，适当提高人才待遇，吸引和激励他们投身公共体育服务事业，增强他们的责任意识、职业道德，使其可以更好地投入到自身工作中来。

二、"互联网+社区公共体育服务"创新模式

（一）内涵

"互联网+社区公共体育"，是指在社区公共体育事业发展中，利用现代通信技术，依托互联网平台，创新社区公共体育发展方式，实现社区公共体育的快速发展。充分发挥互联网的连接互通作用，建立社区居民与政府体育行政部门、体育组织、体育服务企业之间的联系，促进社区公共体育服务行业的转型升级，实现社区公共体育服务的有效供给。借助互联网平台，整合各方体育资源，优化社区公共体育资源配置体系，实现社区公共体育资源供给总量的最大化。建立线上交流平台，拓展居民沟通渠道，实现O2O（线上与线下）交流互动，提升社区公共体育的综合效益。

（二）时代背景

任何事物存在和发展的基本动力均是外因和内因交互作用所致。"互联网+社区公共体育"的产生并非从天而降，而是有其特定的时代背景的。

1. 国家政策指明了方向

我国政府紧紧抓住"互联网+"这一历史机遇，谋划了我国体育事业发展的新蓝图，出台了若干政策对社区公共体育的发展起到了很好的指导性作用。

2. 企业参与注入了动力

随着国家"互联网+"和体育产业发展系列政策的出台，无论是互联网企业，还是体育产业企业，都看到了"互联网+体育"市场的巨大商机。互联网企业纷纷涉足"互联网+体育"，传统体育企业积极寻求与互联网企业合作，"互联网+体育"的产业发展正成为我国新时代经济发展的快速增长点。

当前，国内外网络和体育企业的积极参与，推动了"互联网+体育"产业市场的快速发展，势必会给社区公共体育的发展带来重大的变革和空前的影响。

3. "互联网+"提供了新路径

社区公共体育是群众身边的体育，是落实"全民健身"、实现"全民健康"的基础单元。要实现"人人能健身、人人会健身"的目标，就必须大力发展社区公共体育。要解决群众健身难的问题，就必须统筹规划建设、整合各方资源、激

发市场活力，实现共建、共治、共享。互联网为人们建立了快速沟通渠道、信息共享平台、跨界联合路径，能够为政府、社会组织、企业、居民之间建立起互联互通的桥梁，从而做到对居民健身服务的有的放矢，实现体育资源的合理分配和高效利用，"互联网+社区公共体育"为解决我国社区公共体育发展面临的主要问题提供了有效途径。

（三）基本特征

互联网对社会的影响力正持续升温，它对人们的生活方式和思维认知有很大的影响。"互联网+"属于一种经济社会发展的新形式，它深度融合了互联网创新和经济社会领域，促进技术进步、效率提升和组织变革，增强实体经济的创新力和生产力。所以，目前，"互联网+"代表的是一种跨界、开放、共享、互融的形态和创新机制，是一种科学技术的进步和升华、领导生产力的提高和转变。"互联网+"使用信息通信技术和互联网平台，与传统产业深度融合，在改造传统产业的同时，让我们的社区生活也发生巨大的变化。社区是政府行政机构服务群众的最基础机构，具有较强的可控性和管理性，"互联网+体育"想要落实到实践，就必须向社区发展。互联网与社区公共体育的结合主要有共享性、便捷性、社交性、数据化和个性化五个方面的特征。

1. 共享性

社区公共体育在互联网上的共享主要是在互联网的作用下实现社区公共体育设施、信息资源、体育活动资源和健身指导资源的共享。通过缩减信息传播渠道的环节，实现社区内各种体育资源的共享。例如，苏州市打造的一站式体育服务平台——"苏体通"，为社区居民提供了包括体育赛事报名、体育场馆预订、体育指导员预约与体育培训报名等多种个性化公共体育服务，完美诠释了"互联网+社区公共体育"的共享性特征。

2. 便捷性

随着大数据、云计算、量子信息等通信技术的迅速发展，互联网通过相关软件与硬件的链接，实现操作的便捷性。同时，智能硬件、健身设备的不断更新换代也让社区居民参与运动变得极为便利。社区公共体育的管理者也能通过互联网技术的应用提高社区公共体育的管理效率，降低管理的运营成本，有效提升社区居民在时间、空间上对信息的获取便捷性，对于社区公共体育服务的供给效率具有较强的实践意义。

3. 社交性

由于互联网具备互动性与传播性，通过互联网在社区内部的传播能够激发社区公共体育的长尾效应，达成社区居民的体育社交效应，社交应用充分满足了社区公共体育用户在体育运动健身活动中的社会交往需求，同时也激发了人们的运动兴趣。例如，社区居民通过微信、QQ等网络社交软件，与志同道合的健身爱好者开展"暴走团""广场舞""驴友""跑团"等多元化体育活动，极大地提升了社区公共体育运动健身项目的社交性，达成了社区居民对社区公共体育服务的自主管理，有效拓展了社区公共体育服务的供给渠道。

4. 数据化

体育活动数据化是指利用"互联网＋"工具或手段在体育活动中实现个人健康管理。此外，互联网平台能对用户的体育活动数据进行汇集、沉淀，大数据的反馈将进一步提升社区公共体育管理部门的管理效率，帮助社区公共体育管理部门对社区公共体育用户进行精准的健康定位、指导和决策。例如，运动App借助互联网技术，通过智能手环、运动鞋等穿戴设备采集运动数据并及时反馈给用户，运用其数据化的特征科学地指导用户的健身行为。

5. 个性化

互联网的发展模式是一种满足个性化需求的新型模式。"互联网＋社区公共体育"能够根据社区公共体育用户的特点定制适合不同用户需求的体育服务，提供更加多样化的健身渠道、终端和丰富的体育信息组合手段，从而对他们的生活产生深远的影响。

（四）可行性分析

1. 国家发展政策提供了政策保障

国家一系列政策的颁布都为"互联网＋"技术在公共服务领域的应用提供了政策支持和保障。因此，"互联网＋社区公共体育服务"模式具备强大的政策支持，十分适应当前我国经济发展和社会治理的需要。

2. 互联网为社区的发展提供了基础

一方面，随着智能手机、平板电脑等智能终端的普及，实现了移动互联网的全覆盖。智能终端与固定宽带的大范围覆盖和进步，从网络条件上支撑了"互联网＋社区公共体育服务"模式的发展。另一方面，大规模的网民是支撑"互联网＋社区公共体育服务"模式的样本参考。另外，依法治国的必然要求就是民众参与，这也从根本上反映了人民的意志和利益。社区居民参与社区公共事务治理是国家法律赋予我国公民的权利与义务，公民通过积极履行自身职责义务来加入公共服务建设，是国家依法治国的重要体现，也从法律的角度支撑了"互联网＋社区公共体育服务"模式。

（五）服务供给的新路径

1.推行"互联网＋社区公共体育服务"模式的应用

体育设施服务、体育活动服务、体育指导服务和体育监测服务是社区公共体育服务的四大组成部分。在体育设施服务方面，可以利用"互联网＋"为政府和社区居民搭建一个通畅且平等的沟通交流平台，打破政府在供给过程中的独断性和盲目性，以社区居民的实际体育需求为出发点，推行公共体育服务的个性化、精准化供给，使公共体育服务不断完善，促进其快速发展。在体育活动服务方面，充分发挥"互联网＋"的天然联结凝聚功能，通过建立各种"群"，为社区居民提供共享体育活动信息，组织社区居民体育活动，加强体育交流，从而推动社区公共体育的发展。在体育指导服务方面，目前，我国的社区公共体育指导服务相对较为欠缺，社区的公共体育活动指导员配置不足，社区居民体育活动的开展难以得到规范系统的指导。依靠"互联网＋"可以实现体育活动的远程化指导服务，能够有效地缓解社区居民体育活动缺乏有效指导的局面。在体育监测服务方面，可以开发可穿（佩）戴式智能运动设备，这种设备主要是由通过"互联网＋"技术实现的，实时监测社区居民的运动和健康状况，根据个人的监测数据，通过分析技术，为其制定合适的体育锻炼方案，使社区居民的健康水平得以提高。

2.提高对"互联网＋"技术应用的重视度

政府是社区公共体育服务供给的"掌舵人"，因此，只有政府提高对"互联网＋"技术应用的重视程度，才能有效地推进"互联网＋社区公共体育服务"模式的建立。近年来，政府越来越重视公共体育服务，对其的投资力度越来越大，但是相比于体育产业的"辉煌"，社区公共体育设施的建设还远远不够，但社区公共体育服务本质上是一项惠民工程。政府要转变"政绩导向""数据导向"的社区公共体育服务理念，以社区居民的实际需求为出发点，更多地关注"需求导向"的基本供给原则,深化推进"互联网+社区公共体育服务"融合。

3. 构建社区公共体育信息共享平台

资源配置效率低下、供给内容单一、不能满足个性化需求,这一直是社区公共体育资源配置的短板。互联网技术不断发展,使人们可以在此基础上建立社区公共体育信息共享平台,能够解决公共体育资源供需不对称的难题。目前,手机是我国居民普遍使用的通信和获取信息的主要工具,社区公共体育信息管理部门可以联合通信、移动、互联网等网络公司,运用现代互联网技术,实现社区公共体育信息资源的共建共享。例如,上海市、苏州市和常州市,通过互联网平台实现了对市民的体育需求与反馈信息的调查与收集、体育政策和新闻的发布、体育活动的组织与安排、体育场所分布的电子地图与运行使用实时公告、网上咨询交流与专家答疑。上海市还建立了社区公共体育"菜单式"配送和社区联盟赛等特色网络平台,采用"你点我送"供给方式,使居民"足不出社区"就能享受到健身指导服务,实现了居民体育需求与社区公共体育服务有效供给之间的良性互动。

4. 创建移动 App 客户端

App 客户端,是一种运营程序,它以手机和平板电脑等智能终端为载体,使得大众群体可以接收到新闻、图片、视频等信息。第一,通过 App,社区居民可以实时查询附近公共体育健身设施使用情况并实现场地、设施预约功能,以便合理安排锻炼时间,减少时间成本。第二,通过 App,社区居民还可以获取健身指导,实现科学健身。第三,通过 App,居民可以实时监测自己的运动情况和健康状况,并通过 App 后台的数据分析结果获取由体育健身专家提供的体育锻炼方案。第四,通过 App,居民可以获取社区公共体育活动信息,对活动直播进行观看,对活动进程进行在线浏览,使人们之间的互动交流更加频繁,对开展社区公共体育活动起到促进作用。第五,通过 App,政府和群众之间的沟通与交流得到实现,居民可以实时反馈社区公共体育服务的意见和建议,以便政府不断调整和改善供给策略,实现合理供给。

5. 建立互联网评价机制

社区居民是社区公共体育服务的主要对象,居民满意度是评判服务质量的唯一标准。因此,社区居民对社区公共体育的供给主体具有监督权和评价权。通过互联网技术建立社区公共体育服务综合考评监管制度,是保证社区公共体育服务有效供给的重要机制。政府行政部门,通过建立社区公共体育服务责任制度,明确服务内容、服务标准、责任人职责等。社区居民通过亲身体验,在网络平台上对服务和管理人员的工作进行评价,实时反馈服务情况和要求。政府体育行政管理部门,根据居民评价和要求,及时改进服务工作,调整服务内容,提高服务质量,切实从居民的实际需求出发,提供居民喜爱的具有特色的体育服务,确保公共体育资源的合理配置和高效使用。

第五章 "健康中国""全民健身"与城市社区体育

本章内容为"健康中国""全民健身"与城市社区体育，主要从两个方面进行了介绍，分别为"全民健身"视角下的社区居民体育参与和"健康中国"视角下的社区居民体育需求。

第一节 "全民健身"视角下的社区居民体育参与

一、全民健身与社区体育

（一）全民健身计划实施现状

1995年6月20日国务院正式颁布了《全民健身计划纲要》，这是国务院发展社会事业的一项重大决策，是由国家领导社会支持全民参与的纲领性文件。《全民健身计划纲要》的实施适应了社会发展的潮流，满足了广大人民群众渴望体育健身的愿望，实施五年多来，受到各级党委和政府的高度重视以及社区居民的积极参与。各地在开展全民健身工作中积累和创造了许多好经验，主要有以下几点。

（1）加大宣传力度，使全民健身计划深入人心

充分发挥各新闻传媒的作用，层层进行思想发动，开展全民健身宣传周、月、节活动，在"家喻户晓、人人参与"上下功夫，增强各级领导和广大群众的体育意识，唤起人们自觉参加锻炼的积极性，变"要我练"为"我要练"。

（2）加强组织建设，建立健全各级全民健身的领导机构和办事部门

由党政主要领导亲自挂帅组成领导机构，充实体育部门人员，落实责任，建设和培养大众体育的骨干队伍。建立全民健身活动中心、辅导站和展练点等。

（3）开放体育场馆，建设新的场馆，增加大众活动场地，提高场地利用率

许多地方体育场馆敞开大门，实行有偿和无偿的服务。许多地方政府都决定学校的场馆向地方和居民群众开放。许多部队和机关体育活动场所也纷纷开放，为全民健身计划的实施创造了有利条件，营造了良好氛围。比如北京等城市政府拨专款，在有条件的居民小区安设乒乓球台、单双杠等简易设施。

（4）开展各类社会体育活动，不断掀起群众性体育健身的热潮

煤矿体协的男女篮球、乒乓球、门球等"乌金杯"赛，海南省的"龙舟通讯赛"，天津市的"华鹰杯"趣味赛，北京市的万人登山、万人健步走等。各厂矿企业和农村充分利用节日和农闲季节开展规模不等的单项、多项、综合的体育竞赛活动。通过这些活动宣传体育健身、展现社会体育水平、吸引广大群众参加，活跃城乡生活，推动了社会主义精神文明建设。

（5）进行体育改革，发展体育事业

体育产业的宗旨是为全民健身服务，坚持以体为本。要想发展体育事业，就必须立足于改革，转换机制，这样才能逐步形成良性机制，形成取之于民，用之于民的良好局面。积极探索，鼓励兴办各种管理体育场所和所有制企业，使公共体育场馆实现形式的多样化。健身中心和体育场馆逐步走自负盈亏的路子。广大群众逐渐在生活消费中纳入体育锻炼，树立健身投资的观念。

（6）艰苦奋斗，重在实效

充分对我国国情、民情进行考虑，开展全民健身活动要勤俭，为开展活动创造条件。提倡大众充分利用空地和居住大院开展活动，在原有和新建的居民小区中建设简易健身活动场所。大连市开展了每人每天步行半小时、步行三站地不坐车的活动，提倡尽量多步行少骑车，尽量多骑车少坐车，尽量爬楼梯少坐电梯，倡导人们将烟酒的花销转移到健身上。

（7）依法管理

许多城市为明确全民健身工作的分工和责任，制定了地方性法规和条例。体育场所用地、标准、立项、布点和建设等工作由土地、市政、城建、规划、体育等部门负责，使得全民健身必要的场地、经费和设施得到保障。在规划建设新建小区时，常州等城市对体育活动场所和设施同时进行了规划建设；要求对街头晨练活动点进行统一安排；要求向社会开放公园、学校体育场地。确保居民可以快

速找到锻炼场所，最好是在 10 分钟左右，从而使得老百姓身边就有锻炼场所。苏州工业园区社会服务中心是由中国与新加坡合资建设的，里面有各种各样的体育设施，体育健身、娱乐、休闲都可以轻松地实现，使体育的服务功能得到充分体现。大众健身能够使各个层次人群的需求得到满足，完善的体育设施功能，低廉的价格，不仅做到了微利保本，还能通过良好的服务和指导使人们积极地参加活动。

（二）社区体育对全民健身计划实施的作用

社区体育活动的开展，全民健身工程的实施，对于社区居民的团结和社会稳定起到了促进作用。实施全民健身计划和建设精神文明的载体就是社区，这有利于我国发展体育事业和改革社会体制，社区已经基本落实了社会发展和体育发展，社会发展的重点已经包括建设社区。社区体育作为社区建设重要组成部分，其已经成为当前全民健身活动的主要形式。全民健身工程的良好环境和条件是由社区体育提供的，全民健身工程又为社区体育进行了硬件改造，使得典型得以树立。这两项工作相得益彰，相辅相成。

动员全国人民参与健身活动是全民健身计划的关键，要想让全民参与健身，其基本条件就是必须让这项活动贴近生活。人们生活的基本点是社区，社区是全民健身计划实施的"根据地"。体育生活化得以加深的重要途径就是社区体育活动的开展，开展社区体育活动也是实现全民健身的重要形式。所以，社区体育对实施全民健身计划的意义和作用主要包括以下几个方面。

1. 促进了体育的社会化

随着改革开放不断深化，人们的社会生活也逐渐发生了重大的变迁。我们在向现代化社会逐步转型的同时，社会变化使得体育也开始逐渐调整自身的体制和运行机制。为了适应社会转型，产生了一种新型的社会体育形式就是社区体育。社区体育的出现，使实施全民健身计划的过程更加符合社会发展的规律，主要体现在以下两点：

第一，由于计划经济要向市场经济转化，社区体育适应了这一变化，由国家包办体育改为社会（区）开展体育。社区自主性体育形式打开了"我要练"的主动局面，使得"要我练"的被动局面彻底扭转，全民健身活动逐步正常运行。

第二，由于社会组织管理机制变化，社区体育适应了这一需要，即要独立开展，不再全面依附政府，变成横向联系的"块块"，而不是纵向系统的"条条"。政府职能转变，使得办体育的要求落到基层社区，而实现这种转变的最佳形式就是社区体育。

2. 促进了体育的生活化

促使人们亲近体育，养成健身习惯，是全民健身计划的核心。然而，要想养成锻炼的习惯，就必须将体育当成生活的一个组成部分。因此，全民健身的重要任务就是将体育生活化。最贴近社区居民生活的体育形式就是社区体育，我们主要从三个方面进行阐述。

（1）体育活动分"日常型"和"非日常型"

社区体育有利于人们养成健身习惯，是典型的"日常型"体育活动。并且它最符合便利性原则，能够最大范围地动员居民，通过老少咸宜的活动方式，使居民们参加体育运动，使全民健身的宗旨得到充分的体现。

（2）全民健身应动员全体人民参加体育活动

社区体育具有广泛性，可以更大范围地对社区居民进行动员，让他们积极参加体育活动，而以前的系统运作方法无法做到这一点。

（3）体育活动的普及必须符合便利的原则

社区体育近在身边，在时间和场地利用等方面具有极大的便利性，是最受社区居民欢迎的社会体育形式。

（三）全民健身计划的实施将有力推动社区体育的发展

社会体育的一种新的活动模式就是社区体育，要顺利实施全民健身计划，重要的环节和有效的途径也是社区体育。《全民健身计划纲要》中具体规定了社区体育活动的组织管理、计划方法、指导员、场地、设施，在全民健身计划的实施过程中，社区体育发挥着重要的载体作用。

（四）全民健身路径

全民健身路径（以下简称"健身路径"）是近几年来在我国兴起的一种健身活动设施和与之相适应的锻炼方法，是实施全民健身工程的重要内容之一。但健身路径毕竟是刚刚出现的新事物，从器材设置、规划布局、路径管理、组织指导等方面还存在许多问题。这是我们一直关注的问题，也是亟待解决的问题。

1. 健身路径建设的形式

健身路径的建设资金来自很多渠道，依据其归属，主要分为三种模式。一是利用体育彩票公益金。将体育彩票中获取的公益金返回社会或者进行表彰鼓励，通过这种方式奖励或赠送给有关市、县（区），这样可以对该地区建设群众性体育设施和开展群众体育活动予以支持。二是体育彩票公益金和企事业单位捐建相结合。公共体育设施建设的主要形式就是，上级主管部门出资金、使用单位出地，按照一定要求对布局进行统一规划共建，因地制宜分批实施的模式。三是企事业单位以及住宅开发商以自己投资的形式来建设健身路径。随着人们生活水平的提高，人们越来越追求优质的生活质量。各单位也非常重视职工的身体健康，有的房地产开发商在建设住宅小区时为了吸引买主，优化环境，也开始注重在住宅小区内安装健身路径，增强买房者的求购欲望。从目前现状看，我国全民健身工程投资已由原来的"体彩公益金"为主向多元投资主体方向发展。

2. 健身路径建设的规格及主要类型

健身路径配套的体育设施，没有统一模式，建设规模的大小也不一样。利用体育彩票公益金建设的健身路径正逐步向健身园发展，体育设施较为完整，器材的搭配也符合健身的要求。其配建项目一般为30件左右的健身路径，配建有小篮板、室外乒乓球台等，受赠单位要求建有自行铺设的一条鹅卵石健身路径，一些条件好的单位，还建有供居民进行拳、操、舞活动的健身场地。企事业单位及住宅开发商自己投资建设的"路径"，只是因地制宜将一批简单的健身器械组合在一起，大多为色彩亮丽的钢管，这些设施有的适合老人，有的适合小孩，有的适合青壮年。从调查结果看，健身器材在3~10件的为大多数，组成"健身路径"的器材主要包括摸高横梁、转体训练器、伸腰训练器、臂力训练器、太空漫步机、平行梯、双杠、秋千、跳马、组合训练器、压腿训练器、太空球、肋木架等。

3. 健身路径的规划

（1）"路径"的布局

"路径"的安装不能选择路边，也不能选择太小的场地，"路径"最好不要短于100米，因为运动设施之间距离太近会影响锻炼效果，无论是密集排列8个或10个器械，还是只将三五个器械分布在的路边、场地，这都将使"路径"设计的锻炼效果无法充分发挥。从目前情况看，活动面积不足1000平方米的"路径"器械排列基本上20~50米长短并行或者呈方块状密集分布，这样会导致各锻炼项目之间无法拉开适当的距离，无法对放松性、过渡性的运动（诸如慢跑等）进行衔接。这样"路径"的布局主要属于利用原有地面建设而成的。对于符合规范建设标准的健身工程主要是利用体育彩票公益金建设而成的，占地面积在2000平方米以上的体彩健身园。

（2）"路径"的分布

健身路径已形成现今规模各异，形式多样的格局，其形式可归纳为五种形态：一是利用新村楼宅间空地，建设体育设施，改善小区环境的居住小区型。二是优势互补，有机结合的室内外结合型。三是将"路径"建在公园和街道绿地中的园林绿地型。四是对人行过道和商厦广场改造的同时，配建健身广场的街头广场型。五是利用旧式街道的有限空间，安置简易健身器材的弄堂过道型。大型的体彩健身园一般选址在体育场馆、游园、公园、广场等地，小型的健身路径在社区内的较多。从目前现状看，就近从事健身的人群占大多数，而每天定时定点到离家较远的健身园开展健身活动的人群较少。

4. 健身路径的使用

目前的健身路径越修越多、越修越好。从健身路径的建设现状看，参加健身路径锻炼的人群有明显差异。各年龄阶段的居民对健身器械的使用情况也不一样。老年人很少选择那些技术型和力量型的器械，他们更喜欢简单易做的器械，不仅能够练习平衡，还能舒展身体，中青年很少对器械进行利用，少年儿童则更喜欢娱乐性、新颖并带有一定刺激的健身器械。当然，除了年龄上的差异外，还有性别上的差异。

5. 健身路径的管理与维护

科学使用健身路径，使其发挥效益最大化，离不开科学指导与有效管理。全民健身是一项公益事业，虽然有些地市也制定了相应的管理办法，为了防止发生意外，建设时都在器材旁设置警示牌，说明该器材适合什么样的人群使用，应该注意哪些问题等。从对健身路径使用调查结果看，由于健身器材的维修管理没有明确的管理部门和专门的维修管理资金，致使健身设施存在不少安全隐患。不少"路径"的健身器材都受到了不同程度的损坏，有的是正常使用造成的损坏，有的是人为破坏，包括由于没有在科学的指导下进行活动而使用不当、不爱护器材，甚至偷盗器材等造成的破坏，特别是一些公开开放的健身场所安装的健身器材损坏尤其严重。

目前从健身设施维修管理问题来看，住宅开发商投资建设的"路径"有物业管理部门负责的管理较好，无物业管理部门负责的管理较差。其次是企事业单位及受赠的社区，这种管理通常是由单位或社区热心人组成，他们主要是负责向群众介绍各器材的具体使用方法，随时检查器材的损坏情况，发现问题后再通知厂家进行维修。设在体育场馆或封闭性的健身园，因有专人管理，健身设施维修管理较好，而设在广场、游园等开放性健身场所的"路径"却缺乏人员有效的管理。

6. 健身路径建设的策略

（1）健身路径的设计建设要符合可持续发展的观念

健身路径的发展要有新思路、新理念、新措施、新办法。在健身路径的设计上应该满足更多人群的健身需要；在功能上需要更具个性化、人性化；在外观造型等方面需要更新和改革，并且在整体上要适应社区、房地产开发、园林等多方面发展需要。

（2）加强对健身路径的宣传，增强人们对科学健身的认识

加强对"路径"的作用、功能、锻炼方式、评价方法的宣传，增强人们对科学健身的认识，提高锻炼的针对性和有效性，使健身路径在使用效果上提高层次。这样既方便进行小型比赛活动，又方便群众检查自己的练习结果。要将体质测试与健身路径结合起来，进一步开发它的健身功能，用科技手段规范和量化健身路径锻炼的强度和量，指导群众科学健身。

（3）建立和完善"路径"的管理、使用、养护条例

健身路径的有效管理应从健身器材的维护保养与指导群众科学健身两个方面入手。厂家在招标和配送产品时，应多配置部分易损件，如螺丝、活动轴等，可计入成本中，便于路径管理人员自行解决故障。作为管理方的居委会、物业部门及受赠单位，应制定出相应的器材管理制度及措施。可组织一批离退休的健身热心者及居委会的党团员对器材进行"领养式"的单个承包，负责器材的维护与保养，并成立健身器材管理委员会，和居民一道共同维护社区的健身设施。健身路径管理要走市场化道路，可开发路径周围的广告资源，对志在投入路径建设和维

护的个人或单位,给予宣传广告等回报。

（4）健身路径的设置应与社区的整体环境相协调

在健身路径的配建与使用中,要广泛调研了解群众的需要,让群众在一个美的环境中享受体育锻炼的乐趣。"路径"器材应结合社区的定位,有针对性地配置,提高利用率,不能搞"一刀切"。在路径的选址问题上,既要做到便民,又要做到不扰民,应在充分征求广大居民意见的基础上,实施健身器材的安装。安装的健身器材要与居民住宅保持一定的距离,一般应在10米以上,尽可能杜绝扰民隐患。

二、"全民健身"视角下社区居民参与社区体育的现状

"全民健身"背景下,社区居民参加体育锻炼的意识在逐渐增强,参与社区体育的人数越来越多。目前,居民参与社区锻炼体现在以下几方面。

（一）参与社区体育的人群

目前,参与社区体育锻炼的社区居民主要是年轻人和老年人,中年人因为忙于事业,参加时间很少,故而他们基本不参与社区体育活动。但是,随着人们越来越重视身体健康,参加体育锻炼的中年人也越来越多。

（二）参与社区体育的目的

社区居民参加社区体育的目的主要体现在两方面,一是保健身体和预防疾病；二是消遣娱乐和愉悦心理,其中保健身体和预防疾病是主要目的。以老年人参加社区体育为例,老年人在退休之后,社会交往途径减少,再加上身体的原因,大部分老年人很少外出,但是社区体育的出现不仅使老年人有了环境和条件进行锻炼,对身体强健、防病治病有着重要作用,同时还为老年人进行社交提供了条件,有利于他们的身心健康,使他们的生活质量得到有效提升。由于多数老年人患病情况不同,因此他们会有针对性地进行体育锻炼,他们参与社区体育锻炼的目的较为单一。此外,现如今已经打破了原先维系社区成员的纽带"单位制",这使得社区更加封闭,再加上我国老年社区体育起步时间尚且不长,目前还存在一些问题,比如配套设施不完善、信息宣传不及时等,这些都导致了老年人的社区体育锻炼目的比较单一。目前,绝大多数老年人进行体育锻炼主要是为了强身健体

和防病治病，只有一小部分老年人将追求消遣娱乐和愉悦心理作为目的。

（三）参与社区体育的时间

参与社区体育的时间即居民参与社区体育锻炼的时间段，目前，不同的群体参与社区体育锻炼的时间段也各有不同，对于老年人来说，他们由于生理特征的原因，更习惯早睡早起，所以一般他们会在早上进行锻炼，也有一部分老年人注重养生，为了促进消化，他们更习惯在晚饭后进行锻炼，以希望保健身体；而对于年轻人和中年人来说，由于白天工作的需要，他们参与社区体育锻炼的时间多集中在晚上，当然也有一小部分选择在早上进行锻炼。

（四）参与社区体育的场所和项目

社区居民参与社区体育的场所主要集中在小区内或者是小区附近的公园或广场。居民参与社区体育的项目根据不同年龄段是有所不同的。年轻人和中年人参与社区体育的项目主要有打篮球、打羽毛球、跑步、跳舞等，而老年人倾向于健身操、太极、武术、踢毽子、骑自行车、广场舞等。

第二节 "健康中国"视角下的社区居民体育需求

一、健康中国与社区体育

（一）健康中国的内涵

健康是人对高质量生活的追求，不仅仅是相对于疾病而言，它涵盖了物质、精神、行为等层面，更涉及生活环境、身体、生活方式、心理等方面。健康中国的内涵应涵盖健康社会、健康环境、健康经济、健康公民，是一个"大健康"概念，是全面、系统、科学的健康观，将国民健康作为其中心，通过国民健康使得国家富强、民族振兴得以实现。

（二）健康中国与社区体育发展的关系

1. 健康中国为新时代社区体育发展指明方向并提出新要求

居民健康水平得到提升是社区体育的发展核心，社区体育重点在于为健身锻炼提供指导、使健康的健身方式得到普及、使社区居民健身锻炼的场地设施不断得到完善、使社区体育参与环境更加健康，并从政策上落实以居民健康为理念的社区体育，全方位对社区居民健康进行促进、保护、维持，对社区体育发展模式不断进行创新，使得社区体育的权利能够让不同群体、不同区域的居民公平享有，使健康公平得以实现。《"健康中国2030"规划纲要》指明了社区体育发展的方向，并对社区体育进行引导，使其朝向"健康"理念视角全方位发展。

对社区体育的发展，健康中国提出了新要求。健康中国不同于以往对社区体育发展的要求，以往更多涉及场地设施、社区体育人才等社区健身条件层面，而健康中国则要求社区体育更全面、更系统。健康中国包括对社区居民身体健康的促进、保护和维持，社区居民的体育健康观更加科学，参与社区体育的权利得到进一步保障，参与社区体育的环境不断完善并且更加健康，最终体育与医疗结合，将社区体育发展的价值最大化。健康中国使得体育与医疗结合得更加紧密，患者通过运动获得、维持健康，而运动的强度直接关系着运动的效果，这就需要医学的介入，如果只靠体育，那就无法对运动的风险进行防控；如果只靠医疗，医生无法将运动处方进行科学、有效地提供。所以，社区体育的发展应该对体医结合的发展模式进行创新，有机结合社康中心、家庭医生与社会体育指导员这三个层面，使社区居民健康得到科学高效地促进。因而，建设健康中国有利于我国社区体育发展的规范和完善。

2. 发展社区体育是实现健康中国最直接、最高效的手段

健康问题的应对，单纯只靠医疗是不够的，体育也必须要参与进来。"运动是良医"，预防慢性疾病和提高大众健康水平的重要方式就是科学合理地健身。促进健康、预防疾病最好的方式就是体育，从大众健身的视角来看，其最直接的表现形式就是社区体育，要实现健康中国，发展社区体育对其具有重要的意义，也是最直接、最高效的手段。

二、"健康中国"视角下居民对社区体育的需求

（一）心理方面的需求

"健康中国"关注的不应该只是身体健康，心理健康也至关重要。现在生活节奏越来越快，人们经常面临着很大的压力，长期处于高度紧张状态积累的压抑和疲倦会导致个人产生不平衡的心理机能，这就容易使人产生心理疾病。面对越来越智能化的劳动方式，人们运动的机会越来越少，运动不足就容易使身体的各项技能退化，使人的适应能力和抗病能力变差。长期处于这种心理和生理状况的人们，是十分渴望解脱压力、复归人性的。能够较好地满足人们的这种需求的是体育运动。在支配闲暇时间的方式上，人们出现了倾向性的变化，人们日常从事体育活动的主要空间成了社区活动场所。因此，对于社区体育，人们有通过体育活动能够得到身心放松的需求。

（二）体育服务方面的需求

"健康中国"的提出，在一定程度上提高了社区居民的健康意识，也使社区居民的存在意识得到升华。社区居民存在意识的升华也使人们对个人完善的追求得到激发。社会主流的观念是"以人为本"，人们有了更强的存在意识，人的价值越来越被重视，人的自我完善意识也不断增强。在新时代背景下，居民越来越重视社区体育活动，社区体育活动成为培养高雅气质，改善体形和自身姿态，增强生命活力的有力手段。在这种情况下，过去那种由企业或机关团体定期组织的某些体育活动已经无法满足居民的需求，他们需要开展符合自身需要的各种类型的体育活动，他们会对更为方便的家庭、社区公共场所等条件进行充分利用。当前情况是居民体育意识不强，社区体育设施缺乏，在这种局面下更重要的就是开展各种形式的体育服务，激发群众积极性，使其参与到体育活动中来，使社区体育形成良好的氛围，促进全民健身活动的开展。

（三）健身空间方面的需求

1. 健身空间的可达性

小于 800 米是居民去健身空间的理想步行距离，步行到达距离最大范围为 1500 米，居民健身舒适到达的空间距离是徒步行走时间在 10~20 分钟之内，也

就是"15分钟圈",这种距离的健身空间对于居民日常的健身活动是非常合适的,如果是在节假日期间,可以对健身空间的距离进行适当延长,居民健身的空间会放大很多。

2. 健身空间的环境舒适性

居民较为青睐的健身空间是社区周围的公园、绿道,看着满眼的绿色,人进行运动的欲望也得到了激发,充足的阳光和氧气以及宜人的湿度也非常有利于健身,一般来说,公园有着较为适宜的人口运动密度,这种感觉让人感到舒适,健身的居民也会得到满足。

3. 健身设施功能的多样性

因为每个人有着不同的健身目标,其所用的体育设施和空间也是不同的。体育设施在运动项目上可分为羽毛球、网球、足球、乒乓球、篮球、健身操、武术、跑步等不同运动项目的健身设施与场地,从类型上划分包括康复运动、有氧运动、力量、拉伸运动等多种类型,不同的体育设施与空间的种类对健身目标的达成有着不同的影响。

(四)体育活动方面的需求

社区体育承担了全面健康,包括心理健康、身体健康、社会健康、道德健康。心理健康是人对环境和人群进行不同的选择;身体健康是在体力活动上的满足,对运动方式的需求有着不同的导向;社会健康与道德健康是健康选择自己的人际交往关系。社区体育主体行为活动大体被分为三类,包括休闲类、人际交往类、健身类。社区体育的供给应使不同类型活动的健身需求得到满足。

(1)休闲类活动

各人群对休闲娱乐类活动的要求是差不多的,这种差异性不大的需求,可以进行统一的管理和服务,只要环境好、设施服务周到,人们休闲与娱乐的目的能够达到即可。休闲娱乐类的城市公共体育空间可以设计和配置分区块,如可以设置体育休闲区,包括冰雪休闲娱乐区、游泳区、慢步区等区块,以使不同爱好健身者的需求得到满足。

(2)人际交往类活动

交际类活动主要是为了促进社会健康,这类体育活动主要是活跃型的,公共体育空间可增设竞技类健身空间，使健康人群在人际交往的心理健康需求得到满足。交际类活动不仅包含各年龄段人群的交往，还应该考虑到各年龄段人群的交叉需求供给，如考虑到目前老人带孩子的情况比较多，那么在满足老年人健身需求的同时，还应该适当增加儿童的健身空间，这样不仅使老人得到了锻炼，儿童也可以进行健身娱乐活动。

（3）健身类活动

健身类活动主要是促进身体的健康，无论是婴儿、幼儿、青少年，还是中年、老年，各年龄段人群对健身均有需求。在健康类型上很多健身活动，如健康、亚健康、疾病、康复、强壮、健美等，这么多的健身类活动类型，在人群中也有着更广的覆盖面，各年龄段人群有着明显不同的健身特征，虽然健康类型的需求不同，设施也不同，但可以综合地、交叉地搭配。

第六章　智慧社区体育服务模式探究

本章内容为智慧社区体育服务模式探究，主要从四个方面进行了介绍，分别为智慧社区体育概述、智慧社区体育服务概述、智慧社区体育建设现状、智慧社区体育建设协同治理。

第一节　智慧社区体育概述

一、智慧社区

（一）概念

智慧社区在我国还是近几年出现的全新概念，按照我国住房和城乡建设部发布的《智慧社区建设指南》的定义，智慧社区是通过对现代科学技术的综合运用，将情、事、人、地、物、组织和房屋等信息进行区域整合，统筹资源，如公共服务、公共管理和商业服务等，依托适度领先的基础设施建设，以智慧社区综合信息服务平台为支撑，使得社区治理和小区管理现代化水平得以提升，促进公共服务和便民利民服务智能化，创新社区管理和服务模式。

近年来，随着计算机、大数据、人工智能等技术的快速发展，我国许多城市提出建设"智慧城市"的发展目标，智慧社区建设成了建设"智慧城市"的重要阵地，国家和地方政府相继出台政策大力推进智慧社区建设。"智慧城市"智慧社区建设纳入了各级政府在城市规划与建设中的重要工作。

（二）基本架构

1. 保障体系

智慧社区的保障体系主要包括三个方面，分别是保障措施、总体方案、安全措施。其中，保障措施又可以分为五个子方面，分别是素养保障、政策保障、资金保障、人才保障、组织保障，其中社区居民的整体信息素养，为智慧社区发展提供保障；在中国智慧社区建设中政策保障是非常重要的，为中国特色智慧社区发展提供了基础，使其有了依托；智慧社区建设、信息化普及的根本是充足的资金，也就是资金保障；引入培养相关专业人才，可以使智慧化发展水平得到有效提高；智慧社区专项管理小组可以使社区管理服务效能得到有效提升。通过总体规划，总体方案才能限定整个社区的方向，落实规划提出的实施方案。安全措施主要对智慧社区发展过程中产生的信息安全和运维过程中的软硬件相关安全进行考虑。

2. 基础设施

（1）管网建设

无论是社区的建设还是城市的建设，在这个过程中，建设工程中的重点就是水电气热光纤电缆组成的地下综合管廊，要对资源进行合理的分配，可以引入优化的线路、智能化的设备，这样不仅保证了居民的利益，还使得服务的安全性得以提高，同时还降低了资源浪费。

居民生活的第一生命线就是社区水网，水网应负责多项相关工作，不仅主要负责向用户提供输水的管道，同时还应该负责污水排放、雨水利用等。智慧社区中的水网既要和传统水网一样能进行供水给水等相关基础功能，还要具备其他相关功能，如相应的智能检测、预期规划、远程管理等。在水质水量能够得到保证的基础上，实现节水节能循环利用。通过一些手段，如智能水质管理、智能资源管理、智能水表、智能网络管理和智能工作管理等，使水资源利用率能够提高。智慧社区水网系统的基本体现就是在雨水污水收集循环利用系统中，依据不同需求对雨水、污水、中水、饮用水进行分配利用。

社区气网是联系社区住户与燃气调压站的纽带，其主要功能是对燃气进行输送和分配，以供居民使用。智慧社区中的气网建设不仅具备传统气网管道设计基础功能，还能够对物联网架构进行利用，提供相关功能，如智慧计量、安全保障。通过智能监管、及时反馈等相关功能，使社区整体用气安全得到保障，有利于社区整体品质提高。

社区电网主要是负责社区配电、输电、变电、用电相关需求供给，它是社区与城市供电系统连接的链路及相关系统。智慧社区中的电网建设的首要目标就是满足用户的用电需求、确保供电过程安全，结合现代技术如传感器、物联网设备、远程控制等与物理电网，同时对智慧社区建设的必要指标进行充分考虑，也就是经济效益与节能环保。

社区热网是一种管线系统，由热力站向社区用户提供冬季采暖相关服务。智慧社区热网建设的发展方向是智能控温、节能降耗、实时调节。利用信息技术手段，将物联网作为主体，使每户都能实现独立监控服务，对采集的大数据进行相关分析，如供热需求、能源利用率等，同时也要充分考虑到社区智慧建设评估的内容之一，就是对供热效能等级加强管控。

（2）公共建筑

在儒家思想中，社会发展的最终目标就是病有所医、学有所教、老有所养、住有所居、劳有所得，和西方国家相比，这也是中国特色社区建设与其不同之一。和西方人相比，中国人更重视邻里关系、人际交往。智慧社区建设的服务中心是一个线下平台，主要提供社区信息化服务，为信息素养基础较弱的人群，如老年人，提供培训服务。养老场所主要为社区老年人提供综合服务，如对他们进行健康咨询、精神关怀、生活照料等，使老年人的生活得到保障。托幼设施主要是为了使外出工作的父母能稍微得以放松，减轻他们的压力，这也是社区的一个主要功能，也就是培育幼儿身心健康发展，系统化地提供幼儿早教服务，在智慧化保障方面，额外提供与养老服务类似的远程交流服务，使得父母与幼儿能够进行即时的互动交流。社区文化教育场所为社区提供了一个公共活动的平台，不仅可以使公民娱乐、健身、交流的需求得到满足，还使露天活动带来的扰民等问题得以解决，所以，文体教育场所不仅要符合相关标准及绿色建筑要求，其信息化水平也应配套提升。应急设施建设是为了在紧急状况下能够为社区居民提供避难的场所，同时还配备基础救灾物资，使全社区都覆盖危险评估及报警系统，通过传感器、视频监控等设备，配套远程指挥终端，使社区安防应急能力得到提升。

（3）信息化基础设施

智慧社区建设过程中的保障和所有智慧应用实现的基础就是信息化基础设施。国务院在2013年8月17日发布了"宽带中国"战略实施方案，建设互联网基础设施有着非常重要的作用，不仅能够使信息化整体水平得到提升，还对经济社会发展起着推进作用。有线网络在网络基础设施建设过程中负责保证智慧社区室内应用全面覆盖，起到骨干支持作用。无线网络和移动网络敷设一方面通过移动网与固网融合为物联网设备提供数据链接、传输的基础；另一方面补充有线网络接入不便地点，使网络覆盖面积得以扩大。

（4）物联网基础设施

物联网基础设施是智慧社区建设中的重要组成，是使物与人、物与物、万物互联统一进行控制、识别和管理得以实现的基础，智慧社区发展水平直接受到其应用程度的影响。

条形码是按照一定的编码规则对宽度不等的多个黑条和空白进行排列的图形标识符，其可以用以表达信息。

射频识别首先要满足国家和国际相关标准，通过无线电讯号对特定目标进行识别，将相关数据读写出来，在应用时主要对载体存储容量、频率、读写距离、数据传输率和工作环境等指标进行考虑。

摄像视频设备在建设中应对监控范围、数据备份、功耗等内容进行考虑，主要负责对社区内主要道路、重点安防区域等进行采集。

指纹识别即通过比较鉴别不同指纹的细节特征点，需要对准确性、扫描速度、可靠性等指标进行保证。

人脸识别是一种生物识别技术，其主要是对人的脸部特征信息进行身份识别。征得社区居民同意后，用摄像机或摄像头对含有人脸的图像或视频流进行采集，并在图像中对人脸进行自动检测和跟踪。在保证隐私的保障性、数据采集的准确性、保存的安全性的前提下，实施人脸识别。

（5）数据建设

智慧社区的核心内容就是数据建设，在智慧社区中，大量的数据信息无时无刻不在投入各类数据中，评判一个智慧社区成熟度的重要指标就是对数据的利用率。

数据采集是自动采集传感器和其他待测设备等模拟和数字被测单元中的非电量或者电量信号。数据存储是在计算机内部或外部存储介质上以某种格式对数据进行记录。数据标准包括信息标识编码、信息资源分类、数据元规范等内容，是为了对智慧社区数据资源标格式标准进行定义。数据交换是采取相应的技术，依据一定的原则，使不同信息系统之间数据资源实现共享的过程，其目的是为了使不同信息系统之间数据资源进行共享。数据整合是综合分析现有的数据资源和处理流程，其目标是净化、转换、集成、传递各种不同数据源之间的数据。

3. 平台建设

智慧社区建设的重点和运营的基础就是智慧社区综合信息服务平台，对信息化、智慧化基础设施建设进行充分利用，使得社区综合竞争力和生活品质全面提升，提供更加合理的运行和管理方式，使得居民日常生活更加便利，提高社区管理服务水平。通过大数据、云计算以及中间件等技术构建社区管理平台，对社区服务平台和社区管理平台两个组成部分进行打造。

智慧社区管理者主管内容是智慧社区管理平台，其主要负责使管理者与社区居民之间的沟通交流，通过信息化手段及时反映社区突发状况，保证管理渠道畅通；智慧社区服务平台支撑着智慧社区的服务内容，其基础是数据交换和公共信息基础设施，对零碎资源进行整合，集成多方面内容，如商业、公共服务、生活咨询等，为社区服务提供标准化接口，以社区居民需求为导向，对社区智慧化建设集成整合起到推动作用。

4. 社区管理

管理体系在智慧社区的建设过程中可以从三部分来进行分类，主要是物业、人员、能源。物业管理是整体规划社区内部资源，智慧社区网格化管理运营模式由社区居委会、物业共同打造。人员管理是统计社区基本构成单元人及党组织关系。能源管理则是一种具体手段，利用智能化设备对能源管理进行优化。

在物业管理中，设施维护指损坏、缺失设备上报解决率。社区环境管理是通过社区管理系统，社区管理方改造与运用社区环境，远程监测社区内生活治安水平、人文发展状况、绿化建设水平等内容，并对其进行动态管理、即时发布，使得社区环境更加良好。社区安防消防管理包括统一管理消防安全、治安维护、交通安全等内容，要实现住宅小区的安全管理，可依照《住宅小区安全技术防范系统要求（2010版）》对智慧社区进行环境建设。节能管理的基础是智能能源供给体系采集的相关数据，对社区资源进行调控配给，使能源利用率得到提高。智慧停车包含对社区车辆出入口进行监控管理的相关服务，如采用数字识别技术、无线射频（RFID）技术、智能导航等。

在人员管理中，人口管理包括建设人口数据库，采集和整理人口数据、户籍数据。党建管理包括采集和整理党组织关系相关数据，构建社区内组织数据库。

能源管理是统一管理上述资源，主要是通过智能仪表替代传统水表、电表、燃气表。

5. 便民服务

智慧生活包括通过智慧手段对社区居民生活质量进行提升的基本内容。智慧教育指通过互联网技术，共享省（市）重点高中的课程资源，使得社区内、周边中小学实现对教育平等的追求，提高其教学水平，使优质的互联网学习中心建立起来。智慧医疗是通过信息技术，为社区家庭或组织建立个人电子病历，使社区医疗大数据得以形成，通过打造社区医疗管理服务平台，为居民提供病情预警、健康警报等服务体系，使其享受健康服务。智慧养老是为老人提供的个性化服务，主要可以通过可穿戴设备、信息服务系统、远程监控设备等。智慧家居体系整合了自动控制模块、移动通信技术、安全保护技术等，使家居生活个性化、智能化水平得到提高。进行信息科普时可以利用社区、楼宇液晶显示屏，使智慧社区应用实际运用水平得以提高，对社区内居民普及信息化、智慧化应用。

智慧服务包括为社区居民提供的生活所需相关配套服务内容。人本服务通过数据对居民需求喜好进行挖掘，并且进行定期推送，包含了一切人文关怀为主的响应活动。缴费服务涉及了很多领域，如交通违章罚款、一卡通、医疗挂号、煤燃气、高速 ETC 等，主要是利用信息技术手段，使得公用事业缴费和服务便捷度能够提高。家政服务是接入统一服务平台，通过在线数据库筛选、在线预约保姆、保洁、护理等具备资质认证的专业人士，还可以进行在线评价。出行服务可以推送居民出行路线公交线路，使得社区内配备自行车租赁点，通过手机移动支付功能实现预约、租赁、续借、归还等功能，使得更多居民绿色出行。餐饮服务为社区提供统一订餐热线及网站，对食品溯源系统进行充分利用，以保证餐厅提供食品安全，公开食品制作流程，通过摄像视频实现明厨亮灶，使得餐饮管理体系形成系统。

二、智慧体育

（一）概念

智慧体育目前没有公认的统一定义，其通过无处不在的各式传感器，利用云计算分析和处理海量感知信息，全面感知各种体育行为，对各种需求，如全民健身、竞技体育、体育场馆及设施等做出智能响应和智能决策支持。智慧体育进一步发展和深化了体育信息化，使其得以延伸、拓展和升华。智慧体育通过技术手段连接人和体育器材、体育场馆、体育设施，让体育通过智慧化的设备为人提供更好的服务。智慧体育具有四个特征，分别是智能共享、智能整合、智能感知和智能创新。

（二）发展现状

伴随着大数据、物联网、云计算等技术的不断发展，体育已经越来越"智能化"。在竞技运动领域，如2014年世界杯德国队使用的数字教练Sports One能够为教练下决策提供依据，因为这个应用可以综合运算与分析训练数据、比赛数据和球员的生理生化指标、所在地信息和每日训练量等；国际体操联合会与日本通信技术公司富士通已经达成合作，东京奥运会的评分系统中引进了人工智能技术，比赛计时和结果判定方面的任务由机器来承担。在智能场馆方面，2022年冬奥会速滑场馆"冰丝带"有很多功能，不仅能够为运动员提供训练服务，如计时、计速和计圈等，还能为现场观众提供智能服务，包括实时赛事解析、智能座位导引、座位上购物订餐等。全民健身领域，依靠MEMS运动传感器技术，通过体育器械、运动手环，搜集使用者的运动信息，将数据传送到运动健康分析系统，通过手机软件将系统分析、处理后的结果对健身者进行建议和反馈，使人们拥有科学且及时的运动健康指导。体育产业中借助智慧体育使得用户体验得到大幅提升，使市场得到开拓。一些实力雄厚的体育集团正在或已经进行资源整合，它们具有全产业链的经营生态，从球队运营到转播权，从体育媒体到体育场馆、电商等，巨大的规模效应正在形成。

（三）发展路径

1. 坚持以人为本

智慧体育技术已经出现了问题，体育反过来控制和主宰人，并且产生异化，必须要加强对智慧技术的伦理规制，不断强化以人为本的原则。

首先，在开发和应用各类技术的过程中，坚持技术为人而来，体现人本思想，坚持所有技术均是为人这一主体服务的，保证技术体现人的伦理原则和价值追求，将人性注入智慧体育技术。电子竞技被列入体育项目是否合适的问题可以暂时先不讨论，但是必须要让包括电子竞技在内的各类体育形式都服从、服务于人的全面发展，每一个技术开发者、使用者都应该树立以人为本的体育伦理价值观，发挥体育育人的独特作用，秉持基本的价值取向。

其次，对淘汰的人员要加强关怀，积极创造新的体育岗位。伴随着人工智能技术发展的水平越来越高，人工智能逐渐取代一些体育领域的岗位是我们正在面对的现实。这部分人群工作的权利需要被维护，国家和体育组织一方面应救助和培训被替代岗位人员，保障其基本生活，帮助他们重新学习新的技能，在体育中寻找新的发展机会；另一方面应该积极开发适应智慧体育的新岗位，填补旧岗位，尽量减少整体岗位数量的下降问题。

再次，统一和规范智慧体育所涉及的技术标准体系。从技术批判的观点来看，使用技术体系与设计技术体系都将某种社会价值包含在其中。目前，智慧体育技术涉及不同技术领域，包括信息采集、计算、传感、传输、识别等，要想规避智慧体育伦理问题，数据标准不能冗杂，技术指标要统一。

应当将不同地区、阶层、社会组织和人群的体育权利都兼顾起来，认真思考体育发展的长远利益，充分交流智慧体育涉及的相关技术标准，将公开、公平的智慧体育技术标准和价值体系尽快建立起来。

最后，要保持分享、协作、开放、用户思维的互联网技术精神。在全社会将开放、共享的文化氛围继续发扬起来，保证智慧体育的健康和谐发展，在社会上自由地传播有利于人们健康的各类信息、元素，让智慧体育技术对这些信息进行利用，让人们更加健康。

2. 加快基础设施建设

只有国家在信息公共基础设施建设上进行必要的投入和建设，才能使得全体人民都能够享有基本的公共的智慧体育服务。为了使我国智慧体育持续发展，应当构建完善的信息公共基础设施，而且国家应鼓励社会、企业共同参与，吸收其力量。只有这样，因智慧技术发展不平衡使人不能充分享有体育权利的问题才能从根本上得到化解。

国家应该着手建设物联网、大数据基础平台，让这些技术充分面向弱势群体和边远地区，使这部分人民群众用得上体育信息和智慧体育服务，并且能够用得起、用得好。智慧体育应该发挥自身的作用，其中有关全民健身、体育产业的部分对群众身心健康以及乡村振兴有着紧密的关系，在新技术条件下，智慧体育要避免体育资源分配的不公和"数字鸿沟"，对弱势群体、边远地区、及发达地区人们应有的智慧体育权利进行保障。

3. 加强监督完善法律规范及监督机制

规范和建立智慧体育伦理道德需要健全的监督机制和法律的硬性约束。体育法是在体育伦理道德理念指导下的体育技术性内容，它是强制性的体育道德。体育法需要解答和回应很多问题，诸如，智慧体育隐私泄露等违法行为以及对智慧体育中环保、违纪行为的处理、公平等原则的捍卫，智慧体育不断发展，体育伦理也在与时俱进，此时我们需要体育法规范和约束这一新生事物，从技术和实证方面，使得体育伦理的规定与体现更加鲜明。

监督机制方面，智慧体育涉及多个层面，如社团、企业、个人、社会、国家等，各级政府、各类社会组织、大众媒体以及公众都要对其进行监督。这其中最值得重视的就是舆论监督和伦理道德委员会的作用。信息公开是智慧体育的基础，各类人群包括公众、媒体、行业精英等及时掌握和了解智慧体育的各类现象和数据，在这种公开、公正的环境下，有助于智慧体育的健康成长。例如，智慧型运动员选材，在云平台公开相关选材指标和信息，运动选材专家和教练员等都能补充和修正一些必要的内容，这样就有效避免了在运用技术手段时算法对人的忽略。此外，依据相关法律，参照相关的道德准则，在体育行业和体育产业中成立独立的伦理道德委员会，加强其所拥有的"把关人"地位，使得在智慧体育发展中的伦理道德审查和伦理教育得以推进，对于克服发展过程中出现的各类伦理困境起着重要的作用。

三、智慧社区体育

（一）智慧社区体育概述

智慧社区这种新型业态出现之后，政府部门越来越重视其内部结构的智慧化转型升级，智慧社区体育就是其内部结构的重要组成部分。由于智能移动终端设备的普及应用和互联网的覆盖，大众有了更多的渠道来获取信息，社区体育治理主体之间也有了更迅捷、更方便的信息交流。但由于我国地域辽阔，各地的经济和文化都具有差异性，目前智慧社区体育大都在经济较发达的地区开展。从整合居民信息角度来看，通过网络，社区多元主体采集了社区居民体育信息、统计了社区体育发展状况，城市社区体育治理的效率得到大幅度提升，更加显现出大数据时代下的公开公平性，这样就有了一个新的平台可以使社会组织对社会体育工作进行参与和完善，以及建立考核机制。从智慧社区养老模式的角度来看，通过互联网等现代化技术，社区以数据作为平台，整合社区中的老年人与各个机构，使老年预约平台得以形成。制订适合老年人的运动健身计划，并为其提供专业化健身指导，不仅可以达到"治未病"的效果，还能帮助失能老人进行康复运动，为他们提供体育保健方案，为他们的健康保驾护航。

随着数字化时代的不断发展，"物联网""互联网+"等技术和理念也不断深入，体育转型发展的根本路径也深入到了组织的生产和运作，但体育智能化和体育信息化是不同的概念，体育信息化是更高的发展阶段，通过动态感知，动态管理构成要素，社区体育智慧化升级转型还有很长的路要走。提到智慧社区体育，体育场馆的智慧化转型也很容易被人们想起。借助智能设备如人脸识别闸机等，使得系统能对精确的客流进行统计，各个场馆就能高效管制人流量，实时控流。体育场馆智慧化转型升级是创新利用场馆资源、提升管理效率、优化服务质量的动态过程，这并不是在否定传统体育场馆，对于这次"智慧革命"，我们不能抱有抵触的心理。

专业机构设计、建设、运营管理、维护升级智慧社区健身中心，在服务期内，政府的维护资金可以再投入，企业实现商业价值也可以通过互联网平台运营，这有利于确保运营的公益性和可持续性。

综上所述，随着数字时代的发展，体育领域也有了新的机缘，相较于传统的人工指导与管理，社区体育场馆的智能健身指导、智能化转型、智能数据统计等变化，给体育行业节省了许多人力与物力，参与锻炼的人群也会感到非常便利，但社区体育的转型升级不会就此止步，漫长的探索研究还在进行中。

（二）智慧社区体育建设的必要性

智慧社区建设的目的是使社区居民享受优质、便利的服务，这种新的管理服务模式，运用了现代信息技术，对社区多种资源进行了整合。作为整个智慧社区建设中的重要组成部分，体育的作用不可替代，无论是在居民运动健身、休闲娱乐还是在社会交往等方面。在新时代，要想使社区全人群对公共体育服务的需求得到满足，就必须积极推进智慧社区体育建设，智慧社区体育建设不仅深度融合了"互联网+"体育，也是体育信息化和新型城镇化发展的内在要求，更是全民健身与全民健康的得以促进的重要举措。智慧社区体育建设能够使体育基础设施智能化水平得以提高，使社区服务功能更加完善，还有利于对社区健身设施和条件进行优化；有利于使政务信息共享范围扩大，为政府服务模式的转型提供助推力，促进政府执政能力的提升；有利于使居民有更强的健身意识，更加科学地对健身提供指导，推动体质健康水平的提升；有利于增强居民科学健身意识，使其健康素养得以提高，保障公共体育服务均等化；有利于使社区工作负担减轻，社区组织的工作条件也会得到改善，社区服务和管理能力也会得到提升。所以，在新时代使智慧社区体育建设和治理工作的步伐加快推进，有利于提高居民健康水平，使其居民生活质量得到保障，有利于建设和谐社区，也能够有效推动"健康中国"战略的实施。

（三）智慧社区体育的发展趋势

1. 居民开展体育健身活动将会越来越便捷

随着智慧社区建设的深入开展，社区体育服务平台建设越来越完善，居民获取社区体育资源的途径更加方便，关于社区体育设施建设与运营、体育健身指导员的指导、体育健康知识讲座、体质健康测试、体育组织开展的活动、体育志愿者服务等情况，将会通过智能终端（手机、电脑）了如指掌。居民可以全天候自由、自主地选择体育健身活动。

2.居民体育锻炼将会越来越科学、高效

随着智能运动装备、运动实施的不断设计制造与应用，科学健身运动处方的进一步完善，居民获取科学健身方法的途径越来越容易。居民对体育健身的认识会越来越深刻，科学健身将成为风尚。在智能设备和科学健身处方的指引下，居民体育健身行为将会越来越规范，健身效果会越来越明显。

3.居民体育活动将会越来越丰富

随着互联网、大数据、物联网等技术的发展进步，微信群、QQ群的广泛建立，网络化的现代生活将居民间的沟通与交流变得越来越方便。体育信息的传播、健身经验的交流、健身伙伴的预约、体育活动的组织等将会越来越便捷，居民的体育活动将会越来越丰富，社区体育将会出现丰富多彩的格局。

（四）智慧社区健身中心

1.智慧社区健身中心建设标准

国家体育总局在2018年颁布了《智慧社区健身中心建设试点工作方案的通知》，其中指出："智慧社区健身中心是供社区居民使用，具有管理信息化、运动科学化、服务智能化等特点的健身中心。"[①] 具体规定了智慧社区健身中心建设的工作进度、责任分工、工作目标、实施流程、经费、项目的硬件和软件技术等方面（表6-1-1、表6-1-2、表6-1-3）。

表6-1-1　智慧社区健身中心信息监管系统建设标准

系统功能	配置内容	必配/选配	有关要求
对场地设施的客流量、能耗、现场情况等进行实时监控	场地设施运营监管信息平台	必配	技术标准与大型体育场馆信息化监管系统建设试点项目配置一致；设备应符合相关国家质量标准。
	客流量监测系统	必配	
	电量采集系统	选配	
	运营状态显示客户端	必配	

---

① 国家体育总局.关于印发智慧社区健身中心建设试点工作方案的通知.2018-06-06.

表 6-1-2　智慧社区健身中心智能健身及配套设备和系统建设标准

序号	类别	配置	必配/选配	有关要求
1	体质检测器材	可通过人脸识别、运动手环、扫码等方式对使用者进行人机识别与绑定；可开展身高、体重等检测，提供体质测定报告；具有综合运动能力测定系统；具备开放接口，可将用户运动健身过程和效果数据以系统对接的方式上报有关信息监管平台	必配	设备应符合相关国家质量标准
2	科学健身指导与效果评价系统	可提供科学健身指导方案；可提供健身效果评估	必配	设备应符合相关国家质量标准
3	物联网有氧训练器材	具有身份标示和识别功能；具有运动数据自动采集并传送到数据中心的功能	必配	设备应符合相关国家质量标准
4	物联网力量训练器材	具有身份标示和识别功能；具有运动数据自动采集并传送到数据中心的功能	必配	设备应符合相关国家质量标准
5	可穿戴运动设备	具有运动或兼有生理数据自动采集功能；可支持开启门禁/设备功能	选配	设备应符合相关国家质量标准
6	远程指导健身室	可通过二维码、手环进行身份识别开启门禁；通过增强现实/直播等技术，实现视频教练指导；具备数据通信功能	选配	设备应符合相关国家质量标准

表 6-1-3　智慧社区健身中心运动环境系统建设标准

序号	类别	配置	必配/选配	有关要求
1	智能门禁系统	可通过人脸识别、运动手环、密码、二维码、指纹等方式进行身份识别；可提供数据查询报表；具有在断电、断网等特殊情况下保障安全疏散的技术措施	必配	设备应符合相关国家质量标准
2	身份识别系统	可通过人脸识别、运动手环NFC、二维码进行身份标示和识别	必配	设备应符合相关国家质量标准
3	智能更衣柜系统	可通过人脸识别、运动手环、密码、二维码、指纹等方式进行身份识别；具备无人值守能力，可实现自助式存取功能；具有在断电、断网、忘记密码等特殊情况下保障财务安全的技术措施	选配	设备应符合相关国家质量标准
4	自动售卖机	可通过二维码、手环进行身份识别；可通过App实现自动结算；具备数据通信功能；可提供数据查询报表；系统具备提醒补货、订单查询功能	选配	设备应符合相关国家质量标准

续表

序号	类别	配置	必配/选配	有关要求
5	照明控制系统	通过后台管理系统远程控制室内照明；具备集中控制功能具备数据通信功能提供数据查询报表	选配	设备应符合相关国家质量标准
6	空气环境控制系统	通过后台管理系统智能控制室内的温度、湿度设备；配置新风系统，可检测室内空气含氧量，产生负离子，保证室内空气清新；配置空气过滤系统，通过环境感知检测场馆的 PM2.5 含量；数据可实时显示在馆内大屏上，供用户查看；具备数据通信功能；可提供数据查询报表	选配	设备应符合相关国家质量标准
7	ERP 系统	包括智能授课系统、智能运营系统、数据统计系统，可进行会员注册、用户管理、订单管理、课程管理、预约管理、教练管理，可开展大数据计算与分析；可向健身活动用户提供运动阶段评价报告	选配	设备应符合相关国家质量标准
8	其他服务系统	设立用户 App、微信公众号等工具，便于用户查找地址、获得服务信息、进行预约、记录运动数据、获得饮食指导方案、开展社交等	选配	设备应符合相关国家质量标准

2. 智慧社区健康中心发展路径

（1）树立生态理念

在推进社区健身中心发展的过程中，现要保持其与生态系统的适应性，还要考虑到生态环境的平衡，因为社区健身中心是仿生态组织，其发展中同样具有生态环境系统，要对生态环境系统的承受力进行考虑，健身中心的发展不能是孤立的。换句话说，推进智慧社区健身中心的发展，生态发展理念要树立起来，政府、市场、社区与智慧社区健身中心之间的互动要保持下去，并且使其平衡发展，要多方共同努力，使社区健身中心的生态适应性得以提升，将良好的生态环境营造起来，使其维持生态系统平衡。

首先，针对智慧社区健身中心，政府部门要树立生态发展观，在推进其建设的过程中，既要立足当下，又要放眼未来，不仅要积极创造社区健身中心成立的条件，体现社会主义制度关注民生需求的优越性，还要注重营造社区健身中心生态环境，维持其生态系统平衡。其次，智慧社区健身中心管理者也要树立生态发展观，创造有利于社区健身中心生存的环境，维持其生态环境平衡，对环境的变化要积极主动地应对，使社区健身中心的生态生存能力得以提高，进行企业化治理，对内部治理也加强，同时要注意采取双重手段，也就是行政与市场，保持与政府和社区的良性互动关系，体育服务要便捷、低廉、多样，使得居民产生兴趣，并且愿意成为志愿者，为后续的发展积蓄持续资源。最后，居民也要树立社区健身中心生态发展观，社区加大宣传和教育力度，使广大居民明白，他们也是社区健身中心生态链中的重要环节，居民不但要享受体育服务，更重要的是将社区健身中心作为社区建设的一部分，对其发展进行主动地关心、关注和支持，使智慧社区健身中心生态链维持稳定。

（2）要加强自身定位

居民的健身消费意识是不断发展的，人们对于新时代健身场馆有了更精细化的需求，市场会逐渐淘汰掉那些定位模糊的健身场馆。所以健身中心对于自身的定位深刻地影响着其后续的发展。社区体育健身中心应快速定位自身发展目标，对社区体育资源进行整合，构建有效的模式。社区健身中心在对自身进行定位时要紧贴社区居民的体育需求，因为其面对的就是周边社区居民，引进社会大众喜欢的项目和团体项目，提升社区体育活动效果，扩大服务规模，摆脱个人运动的枯燥感。还要多开展优惠活动，通过多种途径加强中心品牌建设，如办卡优惠活动、免费体验健身、会员日活动、科学讲座等，对自身功能定位进行强化，提升社会服务水平，积极创新百姓的活动平台，对各项资源进行完善，做好自己的品牌，使之形成自己的优势和特色。

同时社区健身中心作为体育组织，不能仅仅看到自身，还要主动承担社区体育的治理，应对自身的社会担当有一个充分的认识，对于群众的体育需求要积极回应，同时使自身具有充分的自主性，提升公共体育服务能力，能够感知和预判社会体育需求，充分把握群众体育活动的需求，对国家体育改革发展趋势有着基本的预见。

（3）完善服务管理体系

智慧社区健身中心要不断提高健身服务质量。完善的服务管理体系不仅能够对智慧社区健身中心进行系统化、制度化和规范化管理，有利于提高全体员工服务意识，趋于人性化的管理，能使其更富有创造力，还有利于落实以"会员为中心"的经营理念，对会员需求机制进行识别和满足。

健身中心只有服务体系成熟、管理理念科学、管理人员专业,才能在市场中屹立不倒,经营得长久稳定。因此,社区健身中心应明确服务与管理各个过程和要求,使健身中心服务流程能够得到优化,对健身中心内部的管理要加强,使健身中心服务行为更加规范。同时,要完善各项规章制度,健全健身中心投诉管理系统,使所有事情都可以有据可查、有章可依。权责清晰,将服务标准和补偿范围进行规范。明确各级职工责任,为会员持续提供个性化的服务。建立符合自身特点的服务、管理制度体系建立起来,使得整个健身服务行业标准的发展进程得以加快推进。

(4)创新符合会员消费的健身服务项目

健身市场发展得越来越大,但同时也面临着同质化的问题,在不同的健身中心,项目一样、服务类似的情况并不少见。健身中心的会员会因为其没有自身特色而流失。因此,社区健身中心除了要保障公益性,还要改善服务,积极地进行需求调研、项目调整,针对不同层次的消费者的消费需求,结合智能化设备和高科技系统,创新个性化项目,使其与会员消费额度相匹配,实行差别化特色经营,同时还要对本土资源进行深度挖掘,使其市场竞争力得以增强。通过构建健身服务体系,使其足够多元化并具有智慧特色,努力开发新颖的运动项目,引进具有智慧、时尚特征的健身项目,提高客户接待总量。这不仅保留了之前的会员,还能够通过特色新鲜的服务项目吸引更多的会员。此外,由于健身人群有着不同的年龄、性别和职业,社区健身中心无法面面俱到。社区健身中心可以进行分时分区的服务,依据自己所在区域的健身人群的不同特征,实行不同的服务模式。例如,晚上年轻人居多,可以在晚上设置年轻人喜爱的活动课程;白天中老年人居多,可以多设置些老年人如何安全锻炼的讲座、活动等。

(5)应充分运用场馆内的智能化系统和设备

社区健身中心作为智慧社区健身中心,仍旧不能很好地运用智能化系统和设备。健身中心应将"智慧"的内容体现出来,对场馆内的智能化系统和设备进行充分运用,通过分析智能系统的数据和智能健身设备的互联互通使社区居民健身的科学性和有效性增强。加快推动建立社区健身中心大数据信息管理服务平台,包括设施利用率、体育锻炼人数、运动健身效果评价等内容,为各级政府加强监管、开展工作、进行决策提供数据信息支撑。

（6）引进专业人员，加强专业培训交流

功能良好的社区健身中心，不仅要有良好的健身设备和健身场所，还需要有高度专业的员工。他们会直接接触会员，这就使得工作人员在很大程度上决定了会员健身体验的好坏。

智慧社区健身中心应加强人力资源的管理，对人才结构进行调整，将相应的人才实施机制建立起来，人力资源管理应该被提升到智慧社区健身中心管理的战略层面，使服务的专业化水平逐步提升。采取社会招聘、校园招聘等方式储备人才，引进体育经营管理、社会体育指导与管理专业技术人员。明确规定全职和兼职教练的设置，设置专业的管理者，要求其接受过健身房服务管理与培训。对员工实行合理的奖惩制度和绩效积分制度，使员工在为客户服务时态度良好且积极，使健身参与者的安全得到保证。通过联合办公室提高体育公共服务水平，与相关体育组织或体育协会积极开展合作和专业、系统的体育活动。当地体育行政部门可以定期组织开展各种交流活动，使智慧社区健身中心的工作人员能够从专业人士身上进行专业的学习，取长补短，使自身的专业能力和综合素质得到提升，使智慧社区健身中心的核心竞争力得以提升，打造精英管理团队，使社区健身中心整体运营管理提高到一定的水平。

第二节　智慧社区体育服务概述

一、智慧社区体育服务的内涵

智慧是"生物所具有的基于神经器官（物质基础）的一种高级的综合能力，包含有感知、知识、记忆、理解、联想、情感、逻辑、辨别、计算、分析、判断、文化、中庸、包容、决定等多种能力。智慧让人可以深刻地理解人、事、物、社会、宇宙、现状、过去、将来，拥有思考、分析、探求真理的能力"。从社区体育服务供给领域理解智慧，其内涵就是利用现代信息技术，如大数据、物联网、服务资源平台、移动互联网等，使社区体育服务管理水平、供给质量和供给效率都得到提升。在具体的实践中，通常就是一定主体最大限度地利用智慧化平台，有效整合和充分利用社区、学校、养老机构等资源，使社区体育服务供给能够对其进行利用。智慧社区体育服务供给就是充分利用移动互联网、云计算、大数据、物联网等现代信息技术手段，提高社区体育服务供给的管理水平，使之与社区体育服务相结合，使全民健身科学指导和信息化服务水平得以提高，将社区体育服务资源库、管理科学体系和服务资源平台构建起来，社区体育更加便捷、高效、准确进行服务供给。从实践层面看，通过智慧社区体育服务供给，能够对体育设施利用率等进行及时分析，对于经常参加体育锻炼的社区居民人数进行及时统计，对社区居民体育锻炼和健身效果进行综合评价，使健身和健康设施的利用和管理效率得以提升，居民健身与健康指导水平得到提高，升级换代社区的体育设施、器材，创新器材、设施，优化体育服务供给，使居民个性化、多层次的需求得到满足。

二、智慧社区体育服务的构成

（一）智能化的服务内容

智慧社区体育服务是社区智慧全民健身公共服务平台，其具备体质监测、体育指导、社区公共体育场馆、设施、赛事组织等所有信息和功能，主要侧重智慧体育咨询的服务、智慧全民健身的服务、智慧体育质量评估智慧体育场馆的服务、智慧体育教育的服务和智慧体育赛事的服务。通过电脑或手机，人们可以轻松登录全民健身公共服务平台，随时随地对各类信息（如场馆设施和体育赛事等）进行查询，足不出户在线预订健身场馆和进行赛事报名，还可以组团健身，实现智慧体育赛事服务（赛事预约、赛事讯息、赛事欣赏等）和智慧体育场馆服务（预约服务、健身点分布、社区场馆分布、约伴服务等）。通过大数据对社区居民的身体素质、健身习惯进行科学分析，社会体育指导员教授实用的体育健身知识与技巧，让社区居民通过互动分享机制可以随时随地学习科学体育健身的方法，从而实现智慧体育教育服务（体育达标辅导、体育通识科普、体育技能培训等）和智慧全民健身服务（体医指导、健身指导等）。通过个性化定制体育需求和反馈评价机制，实现智慧体育质量评估服务（服务需求与满意度调研、服务投诉等）和智慧体育咨询服务（服务价格、服务标准、服务导流等）。

全民健身公共服务平台有效解决了一系列体育社会问题，如健身时段、健身地点、健身方法、健身效果评价等，真正做到便民、惠民、为民，有效推动社区公共体育服务均等化建设，使社区居民体质得以增强，有利于提高社会健康水平，具有重要的现实意义。

（二）便捷化的服务形式

智慧社区体育服务形式分为三种形式，分别是线下服务、线上服务以及线上线下结合型服务，为社区不同年龄人群的不同实质需求提供了方便。

线下服务的主要包括三项内容：智慧体育教育服务（体育技能培训、体育达标辅导等）、智慧体育质量评估服务（服务投诉等）和智慧全民健身服务（体医指导、健身指导等）。

线上服务的主要包括六项内容：智慧体育场馆服务（预约服务、社区场馆分布、约伴服务等）、智慧体育教育服务（体育通识科普等）、智慧全民健身服务（约伴服务、健身点分布等）、智慧体育赛事服务（赛事讯息、赛事欣赏、赛事预约等）、智慧体育质量评估服务（服务需求与满意度调研、服务投诉等）、智慧体育咨询服务（服务价格、服务标准、服务导流等）。

线上线下结合型的主要包括五项内容：智慧体育教育服务（体育通识科普、体育技能培训、体育达标辅导等）、智慧全民健身服务（健身指导、约伴服务、体医指导等）、智慧体育咨询服务（服务价格、服务标准、服务导流等）、智慧体育赛事服务（赛事预约等）和智慧体育质量评估服务（服务投诉等）。

（三）协同化的服务机制

在社区社会治安和公共卫生健康不受到影响的前提下，在建设与发展智慧社区体育服务时，可以对现阶段政府单一化的供给模式进行改革，鼓励多元化社会力量参与进来，积极构建以政府主导、社区群众体育文化生活需要为导向的新局面。社区公共服务平台本身就具有优势，在此基础上，以市民卡分区（社区）为信息采集媒介，将政府作为主导、将私人机构和社会团体等作为补充的供给主体，以社区公共体育服务作为最主要的平台，以社区内所属体育局系统体育场馆、社区开放性公园空地、社会租赁性健身场所和教育系统学校体育场馆为主要健身场所来组织进行，有两种服务形式，分别为有偿服务和无偿服务，搭建公益性、无偿性服务形式为主体，协同发展社会团体和私人有偿服务形式为补充的服务机制，使个人、企业、社会组织机构等第三方机构的积极性得到充分激发，使其积极为社区体育公共服务的机制建设提供供给，使公共体育服务效能得到有效提升，使社区公共体育服务机制能够加快推进社会化进程。

（四）高效化的服务政策

构建智慧社区体育服务是个系统工程，需要以社区为单位对全方位全民健身体育资源进行统筹和募集，争取多渠道、多形式的场馆、经费募集机制，如通过省市体育彩票基金无偿划拨、社会团体捐赠、企业个人无偿援助等，使服务政策落到实处，如此一来社区公共体育服务会更加均等化，社区体育供求矛盾也得到缓解，社区广大居民日益增长的体育需求和美化生活向往也得到了满足。要将以政府为主导的服务政策建立起来，包括有偿服务价格核价政策、信息采集与社区网融通政策、体育健身指导员保障政策服务经费保障政策和服务平台模块化支持政策等。社区体育公共服务政策法规体系建立起来，并使之逐渐健全，社区居民参与健身活动要制度化推进，政策法规执行、监督更有力度，使社区公共体育服务可持续健康发展。

（五）数字化的服务监管

智慧社区体育服务要构建多主体多层次的监管主体体系，不但能够使行政系统外部组织的监督地位得到强化，还能使行政系统内部机关的监管功能得到提升，通过将数字化监管运用起来，就能使公民和社会舆论的监督作用得到充分发挥。用数字化手段建立声誉信息评价机制和民意反馈机制，为居民创造舆论发声渠道，对社区公共体育服务满意度进行广泛的调查，公共体育服务信息要更加公开透明。相关监管报告要定期发布，对社区公共体育服务质量、价格等进行严格监管，监管过程中信息不对称的问题要尽量减少，使监管更加透明，提升监管机构的政策影响力，社区公共体育服务监管手段的效力要提高。推进社区公共体育服务形成宏观监测体系和预警体系，规划目标设计——运行监测——预警分析——绩效评价，使社区公共体育服务质量得到有效保障。

三、智慧社区体育服务的现状

（一）智慧体育人才有待完善

智慧社区体育建设的中坚力量就是体育信息人才。体育指导员、体育信息人员、运动专家、运动员、运动康复师等都包括在智慧体育人才当中。在体育信息化人才培养方面，我国体育信息化建设发展的制约因素之一就是缺乏体育信息人才。一般性体育院校学生很少进行学习信息化课程，学习的大都是运动技能与体育教学方面的内容，所以在体育领域中，很少会出现信息专家。目前从事智慧体育平台建设的人员并没有扎实的专业知识，他们无法制定让人信服和容易实践的健身方案，平台建设与健身指导可能会发生一些错位的现象。所以，要加快培养高素质人才，并且是集网络技术和体育健身知识于一身的人才。

（二）智慧社区体育信息资源有待完善

智慧社区体育在信息服务方面有待完善。目前，智慧社区体育服务中，向社区居民提供的信息基本上局限于政府公开信息、体育政策性文件、体育产业、竞技体育等静态信息，音频与视频信息不多。此外，还缺少群众体育的内容，一般是报道群众性的体育活动，很少有信息会涉及全民健身活动的开展、健身需求的健身指导、场馆设施、体质检测等方面。与此同时，多数社区只是简单地在网站上发布相关信息和数据资源，广大用户的需求并没有得到满足，对公共体育服务资源也没有深层次开发，造成了体育资源的浪费，也使得体育信息服务的质量降低了。目前社区体育信息网站开启的线上健身活动、场馆预定、体质测试、健身指导等栏目，专业性差，实效性和实用性不强，也不够系统。

（三）智慧社区体育管理与运营有待提高

使社区体育资源一体化、社区体育服务体系建设得以实现的重要环节是智慧社区体育管理与运营。我国尚没有一个完善的标准体系和立法建设及保障体系来整合与管理智慧社区体育资源，同时我们也很难对多样的体育信息资源有步骤、有层次地进行整合。研究发现，我国现阶段仍然是以政府为主导的社区体育信息服务供给模式，绩效评估与监督机制尚且不健全，社区居民真正的体育需求容易被忽略，社区体育资源的供给与需求不匹配，导致闲置场馆很多，甚至有很多荒废场馆，但群众却找不到合适的地方进行锻炼。由此我们可以知道，社区体育服务体系中的智慧体育仍然要解决很多在管理与运营方面的问题。

（四）智慧社区体育服务平台建设发展不平衡

现在普遍存在一种现象，就是社区场馆利用率和社会化程度都很低，场馆使用资源分配不均。目前的大背景是全民健身，群众健身和消费意识显著增强，我国社区体育也飞速发展，各种运动类智慧服务平台也随之出现，不仅使社区居民能够享受高质量的健身服务，也促进了城市社区体育服务体系持续发展，并为其提供了重要的技术支持和保障。我国经济发达的东部一线城市智慧社区体育服务平台建设较多，而在中部和西部地区则较少。

第三节　智慧社区体育建设现状

一、融资渠道单一

目前，智慧社区的建设资金主要来自于彩票公益金，通过这种"自上而下"的方式来建设社区体育。有研究表明，政府拨款是社区委员会的体育活动经费的主要来源，除此之外，社会资助也提供了一小部分，但这仍旧说明政府财政拨款是社区体育的发展资金的主要来源，同样建设智慧社区体育的资金也主要来自于政府财政拨款。然而，对于国外发达国家来说，在社区体育建设资金中政府投入的占比是比较小的，主要来源于其他渠道，如，德国主要通过自筹的方式，如广告、赞助等；日本主要是通过会员缴纳会费的方式。这种政府单一供给的模式是有一定的弊端的，会给政府增加财政负担，也对市场和社会组织融资的积极性产生不利影响。因此，在建设智慧社区体育过程中，要拓宽融资渠道，将政府、企业、社会组织、个人赞助等的力量集合起来，形成一种或多种力量共存的财政支持系统。

二、智能平台搭建有待提高

目前，国家体育总局初步建立了包含智能健身系统、体育信息监控系统、运动环境系统在内的健身中心大数据信息管理服务平台，实时采集、传输与分析体育锻炼人数、场地设施客流量、运动健身效果评价、体质测定及评定等内容的数据。但是在体育智能平台建设中的问题仍旧包含以下三方面。

（一）存在信息孤岛

智慧社区建设有很多管理部门，需要打破信息孤岛，对各部门的信息资源进行有效整合。例如杭州市滨江区搭建的社区数据库，将社区数据"专享云"建设起来，提供社区综合"大数据"，运用"网络爬虫"技术融合六条线的系统数据，如残联、城管、综治、民政、计生及流动人口等，使社区数据库得以形成，避免重复工作，实现"一库对应多条线"。

（二）地区信息化差异大

在经济发达的地区，部分社区的社区信息管理系统已经融合了物联网技术、信息通信网络技术，人、信息、物等多维信息综合管理系统已经形成。但当前大部分省市，尤其是在中西部并不发达的一些地区，依然缺少社区体育场地设备，这对智能化信息平台建设的普及和推广十分不利。

（三）居民智能化设备能力有待提高

居民无法很好地应用智能化设备。社区中部分群体，如老年人、农民工等，受到领悟能力或教育水平的限制，并不能很好地应用智能化设备，智能平台的使用效果受到严重制约。居民具有个体差异性，智慧平台体育建设中必须解决的一个难题就是提供精准的技术指导服务的方法。

三、社区专业人才配备严重不足

建设社区体育，除了要制订相关政策、健全场地设施、投入充足资金，还要有相关专业人才的支持。目前，在智慧社区体育建设过程中，在专业人才方面还存在不足，需要加强智慧社区体育的人才队伍建设。

（一）专业技术人员数量不足

智慧社区建设和普通社区建设是不同的，智慧社区要使用一些智能化、信息化和数字化的设备，这些设备的使用，普通的社区工作者是达不到要求的，需要专业人才提供技术支持。目前，在社区中并没有专业技术人员相关的职位，难以保障智慧社区和智慧社区体育的正常建设和实施。因此，在建设智慧社区体育的过程中，迫切需要智能化、信息化和数字化方面的人才。

（二）社区体育指导员数量不足

在我国社会体育事业发展过程中，社会指导员发挥着至关重要的作用，虽然体育指导员的认识在不断地增加，但是还是不能满足社会的需要。同样，在建设智慧社区体育的时候，也面临着社区体育指导员数量不足的问题。

（三）社区专职体育管理人员不足

社区居委会的工作包含社区体育工作，这属于基层群众性的自治组织工作的一部分，但是，社区居委会还承担着政府和街道的一些行政事务，并没有设立专门的部门，没有组织对社区体育活动进行管理，社区体育工作非常繁杂，专职人员严重不足。

四、政府单一主体管理模式有待改善

目前，我国智慧社区体育建设还处在摸索过程中，还存在很多不足，如分工不明、参与主体单一、责权不清、目标指向混乱等，所以还要继续深入探索，将科学的公共服务体系建立起来。

首先，智慧社区体育建设的参与主体是多元的，它是广泛的，也是复杂的，利益博弈是动态变化的，利益相关者也有着不同的利益诉求。现代政府是服务型的，其主导作用不是全面插手，而是进行宏观管理和统筹引导。

其次，政府简政放权要求市场和社会拥有一部分权力，政府从管得"宽"过渡到管得"窄"，政府工作的压力减小了，市场和社会也有了更多的空间进行高效管理，市场、社会组织的自我管理与调节能力也能充分地发挥出来。

社区公共体育服务的模式应该从以往的"单中心服务模式"转化为"多中心服务组织"，解决社区公共体育服务体系供给不足的关键是使社会资源实现有机互补。有人研究了美国盖恩斯维尔市社区体育供给，发现该市初步构建的社区体育供给模式以政府为主，是多主体（商业体育机构、业余体育组织、小区开发商、志愿者和市民）、多层次的。

所以，管理模式如果只是政府单一主体，那就容易造成"大政府，小社会"的局面，单方治理难以支撑全局，智慧社区体育建设必须要对多元主体合作共治的理念和治理模式进行探索。

第四节 智慧社区体育建设协同治理

目前，在我国智慧社区体育建设过程中，主要以政府主导，市场、社会体育组织、社区居民协同治理。智慧社区体育是一项社会公共事务，为了保障智慧社区体育可持续的发展，需要整合政府、市场、社会组织及社区居民，将合作共治的治理模式构建起来。

一、政府管治

为了达到动员资源的目的，通过与多种利益集团进行对话与合作，并和利益集团进行协调，这种管理模式可以称之为管治。管治是一种综合社会治理的方式，对政府自上而下调控中的不足和市场交换有补充作用。在这种多中心治理模式中，政府占据着主导地位，在规章制度制定、发展指导、服务供给方面起到积极的"引航"作用。

（一）完善政策法规保障体系

在智慧社区体育建设和发展中，政府要研究和制定相关的规划、制度、标准等，将与智能化体育相关的法律制度进行完善，如信息交换共享办法、智能化体育设施管理办法等。构建和完善与社区居民建设相关的法治体系，其中包括社区体育的价值定位、权益救济、运行保障、权力监督、法律依据、评估反馈和行业自治等。

（二）统筹安排人、财、物

1. 人才方面

政府和社区居委会可以定期对体育、信息技术、社区管理等方面的专家进行邀请，对社区体育相关人员、组织、居民进行系统培训，让他们能够更加了解智能设备的作用和使用方法，让居民更加科学健康地进行体育锻炼。对于专职技术和管理人员给予一定的政策、薪酬等方面的支持，从而保障智慧社区体育的正常和可持续运行。

2. 资金方面

可以采用政府和社会资本合作的模式，在智慧社区体育建设过程中，社会资本包括房地产开发商、智能体育设备供应商、信息网络服务公司等。通过一定方式的融资，给予相关企业单位或者个人一定优惠政策，从而保障他们的合法利益。构建多种力量支持的资金来源系统，包括政府补贴、社会组织及个人捐赠、企业投资、商业赞助等。

3. 建立监督评价机制

在智慧社区体育建设过程中，要将社区群众的满意度作为根本指标，各级相关政府部门、社区居委会和相关社会组织要进一步明确主体责任，建立和完善监督评价机制。

政府作为主导，可以授权第三方作为监督机构，对用于智慧社区体育建设的专项资金、综合信息平台建设、场地场馆建设等方面进行有效监督，也可以对社区居民定期进行一定的满意度调查，从而不断改进和完善智慧社区体育服务。

二、市场厘治

（一）理顺政府与市场之间的关系

政府在智慧社区体育建设过程中发挥着重要的引导作用，企业在优化其资源配置方面也发挥着极其重要的作用，政府要引导并监督市场。智慧社区体育建设必要的软硬件基础设施由企业提供，在这个过程中，政府要遵循市场的发展规律，不要对市场竞争进行过度干预，调节价格、供求和竞争，将市场的活力有效地激发出来。

（二）建立政企合作运营模式

目前，政府财政投入的单一模式不利于智慧社区体育的可持续发展，政府应该与企业合作共同建设智慧社区体育。在房地产开发商进行小区规划设计时，可以纳入智慧体育设施建设，充分考虑社区居民的健身需要，建设的智能体育场馆和设施必须方便居民进行体育锻炼。在对小区进行管理时，物业公司可以适当地提供有偿服务，重点突出其公益性。在智慧社区体育建设过程中，政府负责牵头，企业负责建设、运用和管理智慧体育的项目。这种政企合作的模式，既能发挥政府的协调、管理和监督作用，也能够发挥市场配置资源的作用，极大地促进了智慧社区体育建设，提高了智慧社区体育的服务质量。

三、社会协治

在智慧社区体育建设过程中，政府和市场并不能包办所有的事务，这时就需要社会组织参与协治，其中社会组织包括非营利性组织，如企业工会、社区委员会、相关体育协会等，其主要任务有以下几点：发展各种社区体育组织并让他们参与进来；向社区居民宣传健康知识；组织和举办各种体育活动；指导和动员居民科学地参与体育锻炼；对体育场地设施进行维护；对社区体育活动的经费进行筹措，为体育活动和竞赛的顺利开展提供保障。

（一）关注居民体育健康信息

在智慧社区体育综合信息管理平台上，社区管理人员可以及时对居民的身体健康状况和体育锻炼情况等信息进行了解，也能够通过线上和线下的反馈方式及时将居民在体育锻炼中的问题和需求反映到上级管理部门，相关部门可以根据反馈的问题和信息做出及时调整、制定相关策略。

（二）有效的组织与实施社区体育活动

社区与社区之间或是社区内部的体育比赛，探索五位一体办赛模式，"政府主导、社区主办、协会承办、企业赞助、媒体宣传"。建立联动运行机制，"社区—社会体育组织—社会体育指导员"。由社区监管，社会体育组织实施，社会体育组织中有社会体育指导员的融入，主体是社会体育组织，使社会体育组织实现实体化，也使社会体育指导员实现职业化。上海市在2013年成立了市社区体育协会，借助现代化信息手段在网络平台上将社区"你点我送"的体育服务配送系统建立起来了，运行效果良好，包含了宣传资料、技能配送、健身讲座、社区赛事、体育教练等内容。

（三）加强宣传和交流

要加强宣传和交流智慧社区的体育建设。通过对国家体育方针政策的宣传，对大众健身理论与方法进行解读，对智能设备的使用进行指导，对群众健康状况进行评估，宣讲科学健身知识，为大众制定科学健身方案等措施，促使社区居民对体育理论与实践知识进行深入的了解。

在对外交流中，"请进来，走出去"的方针要继续坚持，比如开展体育文艺会演、组织各类体育友谊赛、管理经验交流会、体育展览等，一方面通过交流社区群众的体育视野得到开阔；另一方面提供了思路和借鉴，更有利于日后对社区体育工作的改进。

四、居民自治

智慧社区建设的出发点和落脚点是社区居民，衡量智慧社区建设的"金标准"就是居民的现实需求和满意度。

智慧社区体育服务的最终目标是使居民积极参加体育锻炼，并不是简单对智慧信息平台和智能化的健身设备仪器进行搭建，要促进居民之间的互动交流，将健康、快乐、互助的社区体育健身氛围营造起来，使现代科技成果得到共享，实现居有所乐。

（一）提高居民的体育认同感

目前，从国家到个人都对体育表现出强烈的需求，居民只有切身体验，才会感受到体育的价值，对体育产生认同感。

在健身需求→亲身体验→激发兴趣→体育认同的发展过程中，居民要树立正确的健康观和体育观，政府、社区、体育协会都要对其进行积极引导，使居民参加体育运动的欲望得到激发，让群众参与到多种形式的体育运动和竞赛中，对体育逐渐产生兴趣，体会体育带给人的好处，使得体育认同最终建立起来。

（二）鼓励居民参与到治理过程中

智慧社区建设的灵魂就是社区共同体，温度是社区生命的综合体征，各治理主体在社区体育活动和治理过程中,应鼓励居民参与进来。对社区居民进行引导,使其关注社区体育事务,并积极地提出自己的建议和意见,借助智慧平台进行线上和线下的互动交流,广纳言路。邻里之间共同在体育锻炼上一起发展,相互促进,使社区体育建设中有更多的居民融入进来。

参考文献

[1] 时益之，关博.社会组织参与城市社区体育治理的路径研究[J].体育与科学，2021，42（06）：22-28.

[2] 孟云鹏.十八大以来我国社区体育治理的主要成就、现实困境与纾困之道[J].天津体育学院学报，2021，36（03）：323-331.

[3] 曹垚，白光斌.我国城市社区体育治理的困境与超越[J].体育与科学，2021，42（01）：56-60+66.

[4] 李安巧，李欣，邱卓英等.健康中国背景下残疾人社区体育发展研究[J].中国康复理论与实践，2018，24（11）：1257-1263.

[5] 魏婉怡.困境与破解：现阶段我国社区体育发展的多元审视[J].北京体育大学学报，2017，40（12）：14-19.

[6] 韩慧.社会体育组织参与基层体育治理的路径研究[D].上海：上海体育学院，2017.

[7] 王占坤.发达国家公共体育服务体系建设经验及对我国的启示[J].体育科学，2017，37（05）：32-47.

[8] 唐刚，彭英.多元主体参与公共体育服务治理的协同机制研究[J].体育科学，2016，36（03）：10-24.

[9] 王莉丽.老龄化背景下我国城市公共体育服务供给的反思与优化[D].武汉：武汉体育学院，2015.

[10] 袁春梅.我国体育公共服务效率评价与影响因素实证研究[J].体育科学，2014，34（04）：3-10.

[11] 王晓，孙立海，吕万刚.我国社区体育非盈利组织发展现状的调查研究[J].

武汉体育学院学报，2013，47（06）：5-11.

[12] 刘同众，戴宏贵.日、美社区体育建设与管理的探究与启示[J].西安体育学院学报，2013，30（04）：397-401.

[13] 薛明陆.新农村社区体育共生发展模式研究[D].曲阜：曲阜师范大学，2013.

[14] 王凯珍.中国社会转型与城市社区体育发展[M].北京：北京体育大学出版社，2012.

[15] 周涛，张凤华，苏振南.美英日城市社区体育公共服务建设经验及其对我国的启示[J].体育与科学，2012，33（04）：69-74.

[16] 范冬云.广州市大众体育公共服务研究[D].上海：上海体育学院，2011.

[17] 肖端.创建新型社区体育模式的研究[D].重庆：西南大学，2011.

[18] 陈旸.基于GIS的社区体育服务设施布局优化研究[J].经济地理，2010，30（08）：1254-1258.

[19] 范宏伟.公共体育服务均等化研究[D].北京：北京体育大学，2010.

[20] 王东礼.体育舞蹈对促进武汉市社区体育文化建设的研究[D].武汉：武汉体育学院，2009.

[21] 孟文娣.中国群众体育公共服务市场机制引入方式的研究[D].北京：北京体育大学，2008.

[22] 纪铭霞，董翠香，刘洪波.近20年社区体育服务体系研究的综述[J].体育科学研究，2008，(01)：1-3.

[23] 杨守民.社区体育健身俱乐部运作模式构建[D].重庆：重庆大学，2007.

[24] 曾琳，吴承照.上海城市社区体育设施现状调查与思考[J].规划师，2007，(01)：69-73.

[25] 孟令忠，原建军，张平.社会转型时期中国城市社区体育文化建设初探[J].体育与科学，2006，(03)：21-24.

[26] 宋杰，孙庆祝.城市社区体育健身环境评价体系的构建[J].中国体育科技，2005，(04)：99-102.

[27] 刘艳丽，苗大培.社会资本与社区体育公共服务[J].体育学刊，2005，(03)：126-128.

[28] 黄燕飞，陈秀莲，徐群莲.中美社区体育管理体制的比较研究[J].体育文化

导刊，2004，（09）：37-39.

[29] 王凯珍. 社会转型与中国城市社区体育发展 [D]. 北京：北京体育大学，2004.

[30] 唐建军，孟涛，李志刚等. 英、德、日社区体育俱乐部基本状况和存在的问题 [J]. 体育与科学，2001，（03）：8-11.